AF314736

ÉCOLE DU GÉNIE CIVIL

pour l'Industrie, la Marine, l'Armée, les Grandes Administrations et les Grandes Écoles

152, Avenue de Wagram, PARIS

ENSEIGNEMENT SUR PLACE ET PAR CORRESPONDANCE

DIRECTEUR : M. JULIEN GALOPIN ⊕
Ingénieur Civil

COURS D'EXPLOITATION DES MINES

(II· PARTIE)

Professeur : M. ARNOUL DE GREY
Ingénieur Diplômé de l'Ecole Supérieure des Mines de Paris

ÉDITION DE L'ÉCOLE DU GÉNIE CIVIL
PROPRIÉTÉ DE L'ÉCOLE

École du Génie Civil
Enseignement sur place et par correspondance.

Cours d' Exploitation des Mines.

IIᵉᵐᵉ Partie.

Travaux de recherches.

Notions de géologie — Couches — Filons — Failles — Étude d'un gisement — Essais des substances minérales — Sondage (système ordinaire) — Sondage (autres systèmes) — Applications du sondage.

Chapitre VI — Notions de Géologie.

Sommaire :
A. Formation de l'écorce terrestre : Terrains ignés — Terrains sédimentaires — Mouvements de l'écorce.
B. Définitions concernant les gîtes minéraux : Filons, Couches Amas. Direction. Pendage. Puissance. Affleurement.

Nous rappellerons brièvement dans ce chapitre quelques notions de géologie concernant la formation de l'écorce terrestre et quelques définitions sur les gîtes minéraux.

A — Formation de l'écorce terrestre

Les géologues et astronomes donnent à notre planète une origine ignée.

La terre, après une 1ère phase stellaire, pendant laquelle elle jouissait d'une lumière propre, a subi une seconde phase planétaire dans laquelle elle s'est éteinte, puis solidifiée. La solidification a naturellement commencé par l'extérieur, en emprisonnant un noyau fluide.

La croûte solidifiée, ou écorce terrestre est constituée par une succession de terrains, que l'on peut distinguer en deux catégories.

ceux d'origine interne : terrains ignés ou primitifs ou cristallins

ceux d'origine externe : terrains sédimentaires ou stratifiés

§ 146 — Terrains ignés

On appelle terrains ignés ceux qui appartiennent à la première cristallisation qui s'est formée au-dessus du magma fluide, ou ceux qui sont venus postérieurement de la profondeur à travers les fractures de la croûte terrestre. Ces derniers sont appelés terrains éruptifs, parce qu'ils se sont trouvés comme injectés à l'intérieur de l'écorce dans les cassures produites par l'écartement de la couche pelliculaire primitive, comme cela a lieu encore à l'heure actuelle pour les coulées de lave dans les éruptions volcaniques.

Les terrains éruptifs sont caractérisés par le manque complet de stratification.

§ 147 — Terrains sédimentaires

Les terrains sédimentaires sont beaucoup plus importants que les terrains ignés. Leur origine réside dans l'attaque des parties consolidées de l'écorce par les eaux de pluie. L'atmosphère composée de vapeurs d'eau, les corps aisément volatilisables et séparée du noyau interne par une couche de matériaux très mauvais conducteurs de la chaleur se résolvait en un liquide chargé de corps en dissolution et porté à la température élevée qui régnait à cette époque, et l'on peut alors imaginer les effets corrosifs de cette pluie sur la pellicule solide.

Sous l'influence de tels agents d'érosion, les matériaux entraînés se sont ensuite déposés en couches sensiblement horizontales ou strates, par suite de la pesanteur. C'est pourquoi les terrains ainsi obtenus sont appelés terrains stratifiés.

D'après ce mode de formation, si rien n'est venu troubler les dépôts successifs, les terrains ont pu se superposer par ordre d'ancienneté. C'est ce que l'on constate, par exemple, à la Dent du Midi, sur les bords du lac de Genève, où un puits creusé verticalement traverserait une série de couches I, II, III, IV, toutes horizontales et de plus en plus anciennes, à mesure que l'on descend

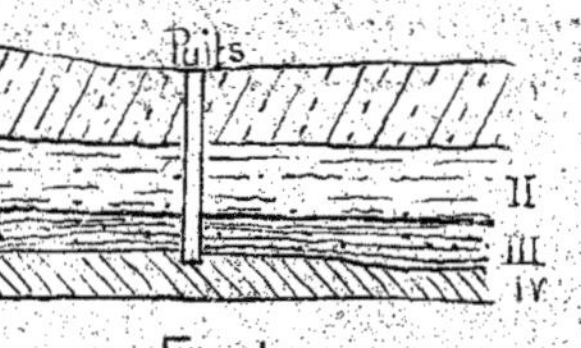

Fig. 1

plus profondément dans le sol. Un pareil mode de stratification est dit concordant (Fig. 1)

Mais les surfaces de séparation des diverses strates peuvent être inclinées au lieu d'être horizontales (fig. 2) On dira dans ce cas que l'on a une discordance de stratification, correspondant au dépôt sous des angles différents des terrains I et II.

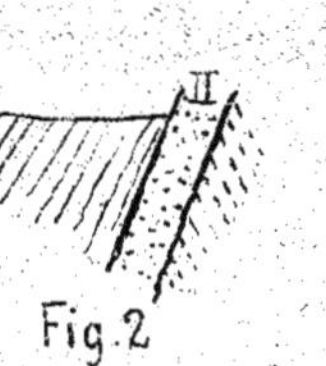

Fig. 2

La région où se faisait la sédimentation peut être émergée à un moment donné, pendant lequel il ne se produira pas de dépôt. On aura ainsi une lacune de sédimentation, quand la région sera de nouveau immergée la sédimentation reprendra en général en discordance avec les strates précédentes. Ces lacunes sont très fréquentes, et ce n'est que par l'étude de l'ensemble de la croûte terrestre que l'on peut se rendre compte de la série complète des terrains.

§ 148 _ Mouvements de l'écorce terrestre.

Il arrive que les terrains soient rencontrés par la verticale dans l'ordre inverse de leur ancienneté (fig. 3) c'est-à-dire qu'un puits creusé selon PP' rencontre d'abord le terrain IV le plus ancien, puis III, II et I le plus récent.

Au Simplon en perçant le tunnel on a ainsi constaté des renversements complets de couches (fig. 4)

Le bassin houiller du Nord montre des renversements analogues ainsi qu'on peut le voir dans les parties droite et gauche du schéma ci-dessous (fig. 5 page 5)

Ces anomalies résultent des mouvements de l'écorce terrestre.

En effet la terre étant formée d'une enveloppe relativement mince et de résistance variable, entourant un noyau liquide qui se refroidit peu à peu et se contracte, il arrive que

Schéma de dislocation du bassin houiller du Nord.
(d'après Marcel Bertrand)

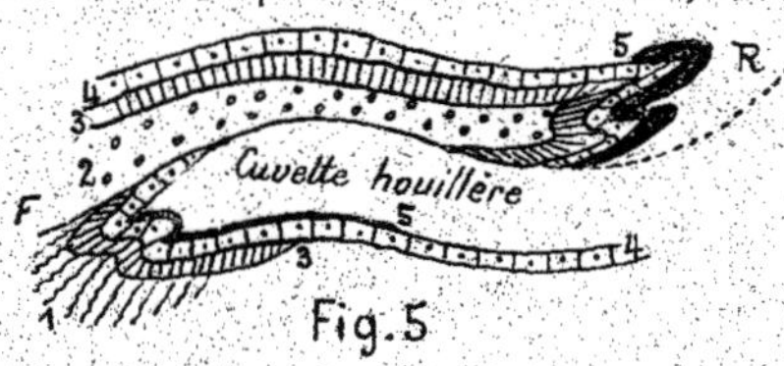

Fig. 5

1 — Silurien ; 2 — Devonien inférieur ; 3 — Devonien supérieur ;
4 — Calcaire carbonifère ; 5 — Schistes houillers ; F. Faille du midi ;
R — Cran de retour.

cette enveloppe se plisse et se couvre de bourrelets et de rides, ou même se distend et se déchire à cause de son manque d'élasticité. Par suite des différences de contraction du noyau et de la croûte (fig. 6) il arrive un moment où la croûte, n'étant plus soutenue par le noyau liquide, fait voûte; elle a s'effondre au centre et des mouvements de plissement se produisent sur les bords.

Fig. 6

Il en résulte des dénivellations et des exhaussements locaux des strates. Les unes par rapport aux autres.

C'est ainsi que des régions autrefois bien tranquilles, ont été le théâtre de mouvements de très grande amplitude. Nous pouvons en citer comme exemple le bassin houiller franco-belge (fig. 7 page 6) dont l'esquisse ci-dessous montre la position relatives des divers terrains qui le constituent

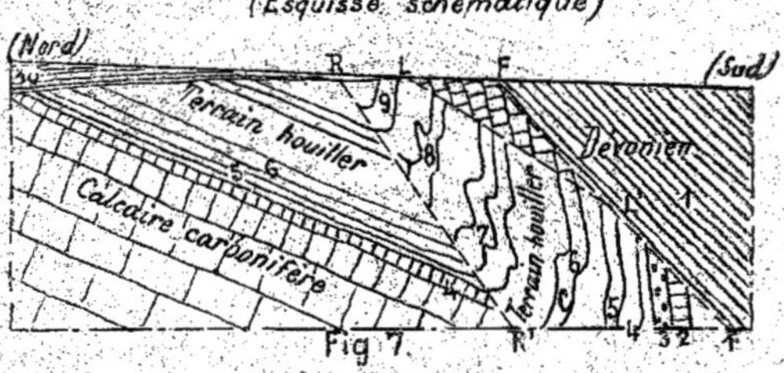

1- Schistes gedinniens ; 2- Calc frasnien ; 3- psammites famenniens ;
4- Calc carbonifère ; 5- Assise à productus carbonarius ; 6- Zone
des houilles maigres ; 7- Zone des houilles demi-grasses — 8- Zone
des houilles grasses ; 9- Zone des houilles à gaz ou fleuus ; 10- morts
terrains - FF' grande faille — LL' faille limite - R R' faille ou cran de retour.

B — Définitions concernant les gîtes minéraux

On exploite les gîtes de matières utiles constituées par les
filons et les couches avec comme cas particuliers les amas.

§ 149 — Filons

Les filons sont des crevasses ou des fentes traversant
l'écorce terrestre, qui se sont remplies de substances diverses sous
l'effet de causes très variées. La matière minérale utile est accompagnée
de matière stérile appelée gangue. Si le filon ne contient que
de la gangue, sans minéralisation utile, on l'appelle faille.

Les filons renferment en général les minerais métalliques (Plomb, Zinc, Cuivre, Nickel, Cobalt, etc...)

Les filons n'ont aucune relation avec les terrains où ils
se trouvent ; ils les traversent sous un angle quelconque.

§ 150 — Couches.

Les couches sont les assises de matière minérale, intercalées dans les terrains sédimentaires par suite de sédimentation simple ou par un phénomène chimique (double décomposition en général)

Les couches, au contraire des filons, ont une relation d'âge avec les terrains dans lesquels elles se trouvent.

Les couches sont les gisements de la houille, du fer, du marbre, des ardoises, etc...

On appelle alluvions les dép.ts de sables laissés par les eaux, soit à l'époque géologique actuelle, soit à une époque plus ancienne. Les alluvions sont des gisements pour l'or, le platine, le diamant, l'étain, etc...

§ 151 — Amas.

Les deux catégories de gisements précédents, couches et filons sont caractérisées par ce fait que tous deux ont une très grande étendue par rapport à leur épaisseur. Les amas diffèrent, en ce que leurs trois dimensions sont sensiblement comparables. Un amas est limité dans sa longueur ou dans sa hauteur, tandis qu'une couche ou un filon est pratiquement illimitée en longueur et en hauteur.

Les gîtes se définissent par leur direction, leur pendage et leur puissance.

Fig. 8

§ 152 — Direction

On peut toujours, en un point déterminé, assimiler le gîte à un plan, mais on ne peut le faire que dans une portion limitée de son étendue.

La direction d'un gîte en un point sera alors l'angle que fait une horizontale du gîte avec le méridien magnétique. La direction se mesurera avec la boussole; en plaçant la ligne du zéro ou ligne de visée suivant la direction à mesurer, on lira en face de la pointe de l'aiguille aimantée, la valeur α de la direction. (fig. 8 page 7).

Les galeries de roulage d'une exploitation sont toujours menées suivant cette ligne de direction; c'est, en effet, une ligne de niveau.

§ 153 — Pendage.

Le pendage ou l'inclinaison est l'angle i fait avec l'horizontale par la ligne de plus grande pente du gîte (fig. 9) C'est suivant cette inclinaison qu'on mène les plans inclinés et les montages. La mesure du pendage se fera en prenant l'angle de la verticale avec la normale au gîte, au moyen d'une équerre avec fil à plomb, ainsi que le montre la figure 9.

Les parties d'un gîte situées au-dessus d'un point déterminé seront en amont-pendage de ce point; celles au-dessous seront en aval-pendage.

§ 154 — Puissance

Les épontes sont les parois ou terrains qui enserrent le gîte. L'un est le toit, c'est la paroi qui s'est déposée au-dessus du gisement et sous laquelle on marche quand on remonte une ligne de plus grande pente. L'autre éponte est le mur: c'est le terrain sur lequel on marche quand on suit la ligne de plus grande pente (fig. 9) On différencie les épontes en toit et mur, surtout pour les couches à cause de leur faible inclinaison et de leur correspondance d'âge avec les terrains sédimentaires encaissants.

La puissance est l'épaisseur du gîte mesurée normalement

à son plan. Ne pas confondre avec la traversée horizontale, qui, ainsi que son nom l'indique, est l'épaisseur mesurée suivant le plan horizontal.

§ 155 _ Affleurement

On nomme ainsi les portions de couches ou de filons qui apparaissent à la surface du sol, quelquefois au milieu de roches formant pointement dans une plaine, le plus souvent plutôt dans un fossé, au fond d'une tranchée, sur la rive d'un fleuve, d'un lac ou d'une mer, partout enfin où a été faite naturellement ou artificiellement une ouverture à travers les formations géologiques d'une contrée. La science du prospecteur de mines consiste à bien reconnaître les affleurements et à les suivre aussi loin et aussi longtemps qu'il peut.

Un gîte ne pouvant être assimilé à un plan que dans une portion limitée de son étendue, sa trace n'est pas une droite en général, surtout que la surface du sol n'est pas plane, et l'affleurement pourra être une ligne de forme quelconque.

L'affleurement est parfois recouvert par des terrains stériles appelés morts-terrains, que doit traverser un puits avant d'arriver au gîte minéralisé. (fig. 10) Dans le Nord de la France, la série des morts-terrains forme un niveau très aquifère, qui a beaucoup gêné le creusement des puits, car il a fallu rendre ceux-ci étanches à l'eau. C'est en crevant le revêtement des puits que les Allemands ont fait pénétrer l'eau, contenue dans les morts-terrains, à l'intérieur des mines et ont pu ainsi en obtenir l'inondation très rapide.

Fig. 10

Dans tous les gîtes les parties voisines de l'affleurement sont plus ou moins altérées par oxydation à cause de l'action des agents atmosphériques.

Cette formation oxydée s'appelle chapeau de fer. Le nom vient de ce que, comme le fer est toujours mélangé aux autres métaux, celui-ci s'oxyde, et que l'oxyde de fer se reconnaît aisément à sa couleur et à la persistance de ses pointements, qui en raison de leur dureté résistent bien aux érosions.

On trouve en général la partie oxydée jusqu'au niveau hydrostatique (profondeur à laquelle se maintient l'eau dans le sol). Le chapeau de fer est même quelquefois assez important, pour être exploité comme minerai de fer.

Chapitre VII _ Couches.

Sommaire
{
A Formation des couches : Dépôts détritiques _ Dépôts chimiques _ Dépôts organiques
B Accidents des couches contemporains de leur formation _ Influence du terrain _ Irrégularité dans le Dépôt
C Accidents postérieurs à la formation des couches : Accidents des couches seules _ Accidents communs aux couches et aux terrains avoisinants.
}

Nous indiquerons ici le mode de formation des couches et les accidents qui peuvent les affecter lors de leur formation ou après :

A   Formation des couches.

Les couches, étant des gîtes stratifiés, sont dues comme tous les terrains sédimentaires, à trois sortes de dépôts : les dépôts détritiques, les dépôts chimiques et les dépôts organiques.

§ 156 _ Dépôts détritiques

Les dépôts détritiques résultent de l'action de l'atmosphère, de la mer, des eaux d'infiltration, des eaux courantes et des glaciers sur des roches préexistantes.

On peut les diviser en deux groupes : les dépôts arénacés et les dépôts argileux suivant qu'ils sont formés de grains discernables ou que, tenus longtemps en suspension par les eaux, ils ne forment plus qu'une poussière impalpable.

Les premiers sont le plus souvent formés de silex et de roches dures, tandis que les seconds contiennent surtout des silicates alumineux et des calcaires

Quand ils sont de formation marine, les dépôts arénacés sont des dépôts de rivage, tandis que les dépôts argileux ou vaseux sont des formations de haute-mer.

1°_ Dépôts arénacés

Suivant leur grosseur, les dépôts arénacés constituent les blocs erratiques, cailloux, galets, graviers, sables, quand ils sont à l'état de dépôts meubles. A cette catégorie appartiennent les gîtes alluvionnaires

Mais le plus souvent ces dépôts, traversés par les eaux d'infiltration, se sont agglomérés. _ Les gros fragments ainsi réunis sont des brèches (provenant des cailloux) ou des poudingues (provenant des galets et graviers). Les sables agglomérés par un ciment quelconque, quartzeux, calcaire, argileux ou ferrugineux, ont donné les grès.

2°_ Dépôts argileux

Les dépôts argileux sont constitués par des silicates d'alumine hydratés mélangés de quartz et de mica en poudre et souvent colorés par l'oxyde de fer

Quand les éléments sont à leur plus grand degré de finesse, il en résulte un produit sans consistance le limon qui porte plus spécialement le nom de loess quand il est calcarifère

Si le produit est compact, on a alors les argiles. Si la schistosité existe on aura les schistes. Par l'effet du métamorphisme (modification subie par les roches, postérieurement à leur dépôt, par l'action mécanique des phénomènes de plissement) la schistosité des argiles peut s'accentuer, on aura alors les phyllades et les ardoises où le feuilletage est tout à fait plan.

§157_ Dépôts chimiques

Les dépôts dont l'origine est uniquement due à un phénomène chimique occupent un espace moins important que les autres comme terrains sédimentaires, mais ils présentent en revanche, au point de vue qui nous intéresse une importance plus grande car on y trouve de nombreux gîtes stratifiés faisant l'objet d'une exploitation plus ou moins active. Ce sont :

les meulières, dues à un dépôt chimique de silice ;

les travertins calcaires et les tufs, formés par la précipitation du carbonate de chaux contenu dans certaines eaux ;

le sel gemme, l'anhydrite et le gypse qui prennent naissance par le dépôt de solutions chlorurées et la réaction de vapeurs sulfureuses sur le calcaire ;

les dépôts de soufre, qui sont formés par la décomposition du gypse ou sulfate de chaux au contact d'hydrocarbures.

Enfin on peut encore citer la dolomie, le silex de la craie, les nodules de fer carbonaté du terrain houiller et les ménilites siliceuses de certaines marnes.

§ 158 — Dépôts organiques.

Les dépôts formés par la voie organique sont aussi fort intéressants pour nous, à cause des couches minérales qu'ils contiennent.

La plus grande partie des calcaires a été constituée par des débris de foraminifères, de polypiers, d'échinodermes, de mollusques, avec des restes siliceux, de radiolaires, d'éponges et de diatomées.

Le tripoli, ou farine fossile, est formé par des diatomées ou algues siliceuses.

Enfin tous les combustibles solides ou liquides sont dus à des débris de plantes organisées. C'est ainsi que la tourbe est le produit de la décomposition sous l'eau, de certains végétaux d'ordre inférieur, tels que les mousses et, en particulier les sphaignes. Ces mousses ont besoin, pour se développer, d'une eau limpide et d'une atmosphère humide avec une température moyenne ne dépassant pas 8°. Dans ces conditions, elles croissent rapidement, mais elles meurent du pied ; la base, constamment à l'abri de l'air, subit une décomposition incomplète et passe à l'état de tourbe. Les tourbières se développent surtout dans les régions tempérées.

Le lignite provient de la décomposition à l'abri de l'air de la fibre et de l'écorce de débris de plantes ou d'arbres, ces végé-

...aux ayant été charriés par les fleuves dans les deltas, ou enfuis sous des alluvions.

La houille et l'anthracite proviennent aussi de la décomposition de végétaux terrestres à l'abri de l'air, à une époque géologique plus reculée où un climat tropical régnait alors dans les régions de formation de ces combustibles.

Quant aux pétroles il y a plusieurs théories sur leur origine, mais il est difficile d'admettre les hypothèses d'une formation uniquement minérale (qui n'explique pas le pouvoir rotatoire des huiles de naphte), tandis que l'hypothèse de leur formation organique est beaucoup plus vraisemblable.

B — Accidents des couches contemporains de leur formation.

Les accidents contemporains de la formation des couches sont dus à deux causes principales:
le terrain sur lequel s'est déposé la couche,
et l'irrégularité dans le dépôt

§ 159 — Influence du terrain

1° Si le fond, sur lequel la matière utile vient se déposer présente des irrégularités, la couche elle-même les présentera (fig. 11), il en résultera des étranglements ou serrées qui pourront même aller jusqu'à un passage complètement stérile en aura alors un cran. Ce qui caractérise ce cas c'est que le toit reste continu et c'est le mur seul qui présente ce mouvement de bosselage.

Fig. 11

2° On peut avoir en même temps que des changements de puissance, des modifications dans la nature de la couche. Cela se produira quand la matière de la couche a été apportée dans le bas fond, occupé par une mer ou un lac, par des torrents ayant accès au bassin par un ou plusieurs points. Au voisinage de ces points par suite du cône de déjection torrentiel il y a une épaisseur plus grande de la formation, avec dépôts des matières les plus lourdes; dans le cas de la houille par exemple il y aura passage latéral au schiste ou au grès et variation de la teneur en matières volatiles; on a même proposé de relever ces variations avec la profondeur et la direction et de tracer les courbes de niveau des diverses teneurs en matières volatiles pour se rendre compte du mode de formation d'un bassin houiller. Ce qui caractérise ce second cas c'est que les changements dans la puissance et la nature de la couche sont progressifs, alors que dans le premier cas les serrées sont brusques.

§ 160_ Irrégularité dans le dépôt.

Il n'y a aucune raison pour que l'apport de matière utile reste constant. Cette matière vient des massifs montagneux environnants qui sont attaqués par l'érosion, or celle-ci dépend des conditions de la température et de la pression atmosphérique, de l'intensité des pluies elle sera plus énergique à certains moments. C'est ainsi que l'on voit le grès (dépôt arénacé, indice d'une érosion plus intense) remplacer le schiste (dépôt argileux provenant d'une érosion plus faible)

Pendant la durée de formation d'une couche (qu'on ne peut du reste pas déterminer) à l'apport de matière utile succède un apport de matière stérile, remplacé à son tour par un nouvel apport

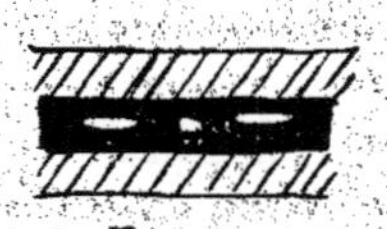

Fig. 12 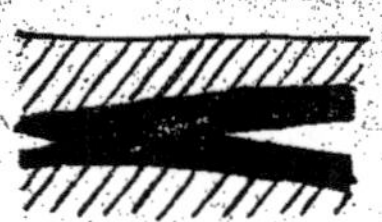   Fig. 13

de matière utile. On aura ainsi une couche barrée (fig. 12) ou un nerf dans le grès.

Il peut même arriver quelquefois que ces barres prennent

une importance considérable au point de donner une véritable couche bifurquée (fig. 13 page 15).

C_ Accidents postérieurs à la formation des couches.

Les uns affectent les couches seules; les autres affectent les couches et les terrains encaissants.

§ 161 _ Accidents des couches seules.

1° A un moment donné un mouvement se produit dans la masse de l'eau. Il en résulte des tourbillons d'où une érosion dans la couche, pouvant produire des étranglements ou même une interruption complète de la matière utile (fig. 14) On aura un bosselage, mais il se manifestera en toit de la couche, au lieu d'être au mur, comme dans le cas de la figure 11.

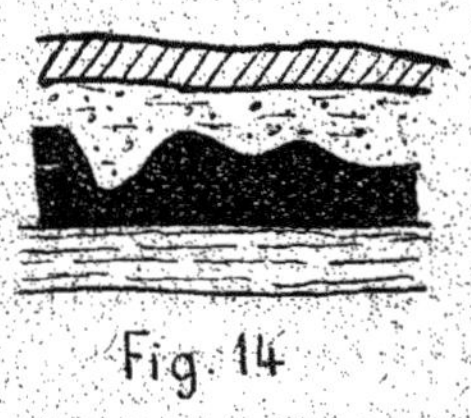

Fig. 14

2° Si la couche est recouverte d'une grande épaisseur de terrain avant d'être consolidée complétement, elle pourra subir des diminutions de puissance en certains endroits, le toit et le mur se rapprocheront en formant une série d'étranglements successifs. La couche sera dite en chapelets (fig. 15)

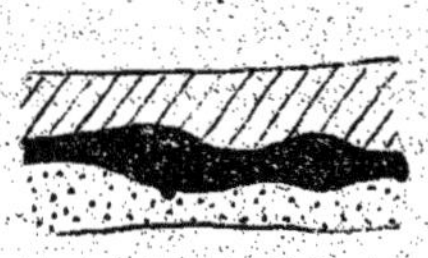

Fig. 15

3° Si la couche, ayant subi un plissement, est devenue en partie dénudée, et qu'elle ait été attaquée par l'érosion, il semblera y avoir une discontinuité dans le dépôt, à cause de la partie enlevée par l'érosion et sur laquelle est ensuite venu se former un autre sédiment (fig. 16)

Fig. 16

§ 162 *Accidents communs aux couches et aux terrains avoisinants.*

Ce sont les accidents les plus fréquents.

Ils ont tous pour origine les mouvements de plissement de l'écorce terrestre, lesquels arrivent à donner aux couches des aspects complètement différents de leurs allures initiales.

Pour les terrains sédimentaires, les ondulations résultant des mouvements de l'écorce, forment une série de plis anticlinaux

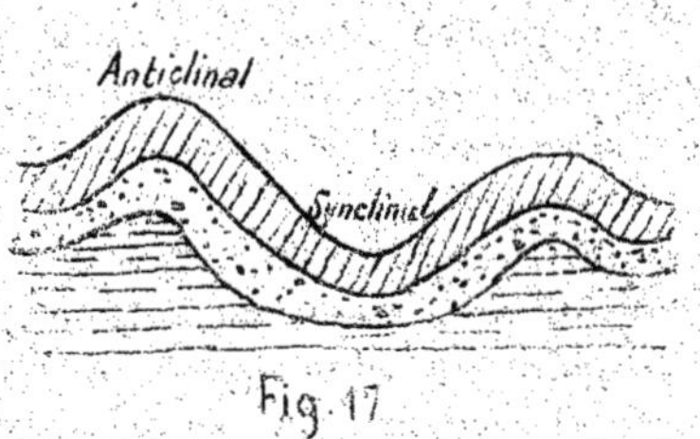

et synclinaux. Un anticlinal (fig. 17) est un plissement tel que la matière déposée se dresse verticalement pour descendre ensuite en sens inverse et reprendre sa position horizontale de dépôt. Un synclinal est le plissement inverse du précédent, c'est-à-dire que l'une des branches du pli descend d'abord pour remonter ensuite.

Plissement — Dans le cas d'une couche le pli anticlinal est appelé selle et le pli synclinal fond de bateau. Dans le Nord et le Pas-de-Calais où les mouvements de plissement ont été très accentués, les deux côtés du pli n'ont pas la même inclinaison sur l'horizontale. On a alors un ennoyage et l'angle d'ennoyage est l'angle α que fait la bis-

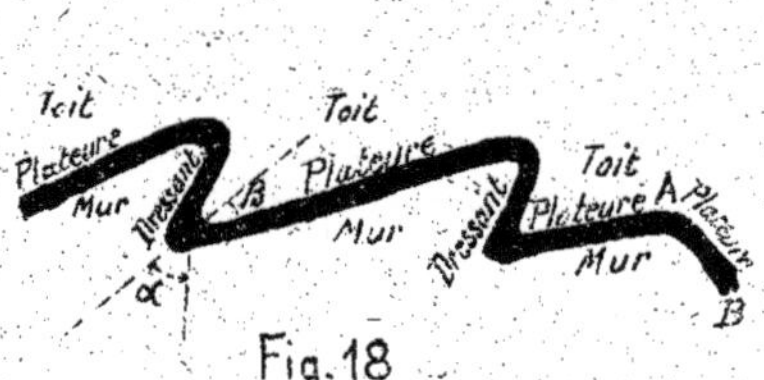

sectrice du pli avec la verticale (fig. 18). Pour une valeur suffisante de l'angle α, c'est-à-dire quand l'angle d'ennoyage est supérieure à la demi-ouverture du pli β, les deux côtés du pli se trouveront du même côté de la verticale passant par le sommet de la selle ou du fond de bateau. Les deux branches du pli seront alors différenciées en plateure et dressant.

Un plateure est la partie du gisement où la substance utile est restée dans les conditions primitives de son dépôt, c'est-à-dire qu'en montant dans le gîte suivant une ligne de plus grande pente, on marche les pieds sur le mur et la tête sous le toit. Ce sera donc la branche du pli la moins inclinée. En général le plateure est voisin de l'horizontale, d'où son nom. On en trouve pourtant qui sont très inclinés, comme la portion de couche AB (fig. 18 page 17), on leur applique alors souvent, par corruption, la dénomination de dressant.

Mais un dressant véritable est la partie d'un gîte où la disposition de la veine minérale est telle, qu'en montant dans le gisement suivant la ligne de plus grande pente, on ait, à l'inverse de ce qui existe pour un plateure, le toit au mur et le mur au toit. L'inclinaison d'un dressant est en général toujours forte; c'est pourquoi l'on appelle dressant, par altération, un plateure à grand pendage.

Comme la matière constituant les couches était souvent à l'état plastique quand les plissements ont eu lieu, il en est résulté la plupart du temps des renflements dans les plis.

Les selles et fonds de bateau portent alors le nom de crochon de tête et crochon de pied; le mot crochon caractérisant tout plisse-ment avec épaississement local du dépôt de matière minérale (fig. 19).

Fig. 19

Il arrive même que la couche s'est étirée sur les branches du pli au profit des cro-chons, où il s'est formé de véritables amas.

Ou bien même encore la matière a éclaté aux crochons et a fait irruption dans les couches encaissantes; dans le cas de la houille on aura des injections de matières charbonneuses dans les épontes. C'est ce qu'on appelle un brouillage (fig. 20).

Faille — Enfin l'accident peut être plus important. Si l'étirement de la couche est trop grand celle-ci se casse

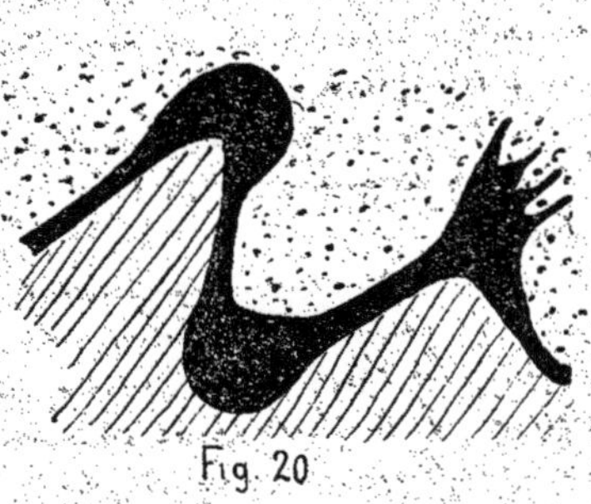

Fig. 20

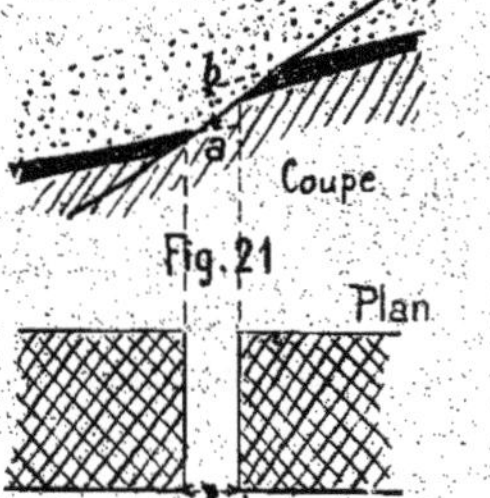

Coupe

Fig. 21

Plan

Coupe

Fig. 22

Plan

purement et simplement et par suite du plissement les deux bords de la cassure glissent l'un par rapport à l'autre. On a une faille. Le déplacement subit par les deux parties de la couche est le rejet a b (fig. 21), compté normalement à la couche

La faille est directe si le déplacement se fait au-delà de la normale au gîte, en plan on aura une solution de continuité qui sera le rejet horizontal c d (fig. 21)

La faille est inverse quand le déplacement se fait en deçà de la normale au gîte c'est-à-dire qu'en suivant le gîte en montant, il faut en arrivant à la faille redescendre le long de la faille pour retrouver la couche. Dans une vue en plan on ne verra pas de solution de continuité du gîte (fig. 22) comme cela se produisait pour le cas précédent, au contraire il y aura superposition d'une partie des deux portions de la couche.

Si un nouveau mouvement de plissement, postérieur à celui qui a produit la faille est venu modifier l'allure des

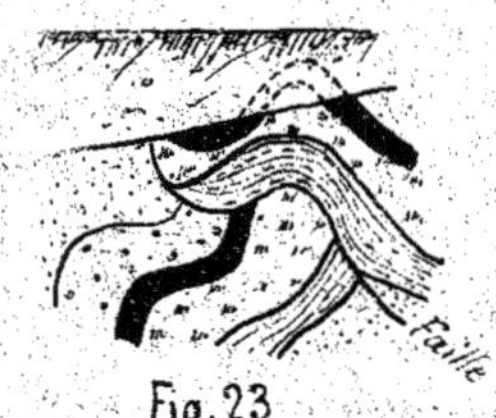

Fig. 23

Fig. 24

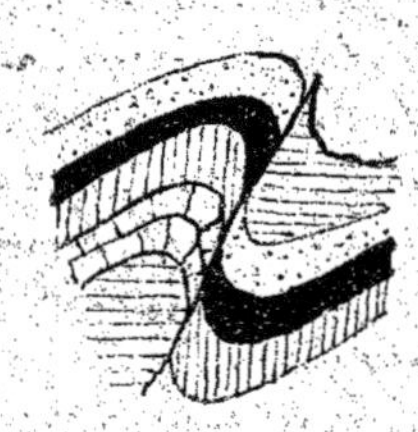

Fig. 25

dépôts dans la région considérée, il en résultera que la ligne de striction ne restera plus droite; on aura alors une faille plissée.

Cela se rencontre souvent dans le bassin houiller de la Ruhr (fig. 23).

Il faut remarquer qu'une faille étant la limite d'un plissement, les bords de la couche, au contact de la faille sont plissés avec renflement, c'est à dire que les deux parties de la couche fracturée sont en crochons sur les lèvres de la déchirure ainsi que le montre la figure 24.

Pli-faille. Il est des cas où le mouvement de plissement n'a pas été suffisant pour provoquer une solution de continuité dans la couche. Celle-ci a seulement été étirée au maximum, de sorte que la partie entre les deux crochons, qui est généralement un dressant, se trouve réduite à une bande sans épaisseur où le toit et le mur se touchent presque (fig. 25). On dit que l'on a alors un pli-faille.

Comme exemple des accidents

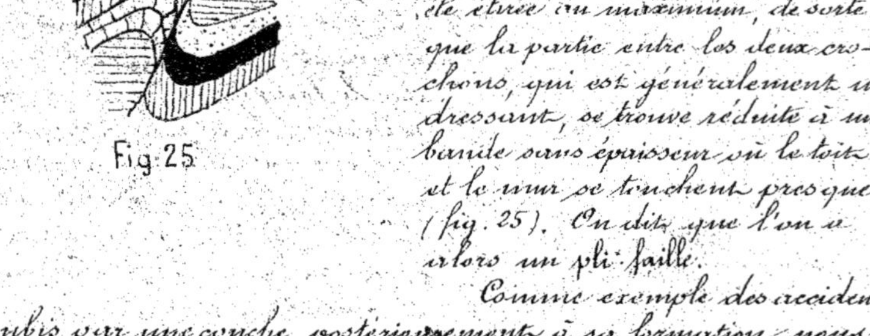

subis par une couche postérieurement à sa formation, nous indiquerons la coupe verticale ci-dessous (fig. 26 page 21) de la couche Saint-François exploitée aux Mines de Nœux (Pas de-Calais), où l'on peut voir la variation très grande de puissance par suite des plissements nombreux et très importants qui ont affecté le bassin franco-belge et dont nous avons déjà donné un schéma (voir fig. 7)

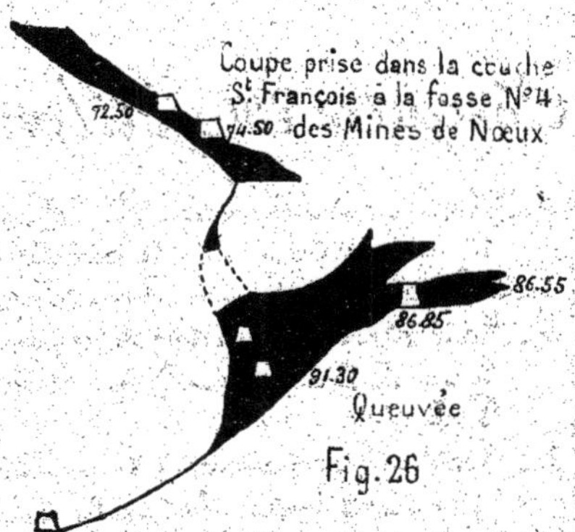

Fig. 26

    Il ne faut pas confondre les failles dont nous venons de parler maintenant et qui sont l'accentuation de pli-failles — c'est-à-dire la limite de plissement des couches avec les failles véritables, qui sont des cassures nettes de l'écorce terrestre, que l'on reconnaîtra à ce qu'elles ont produit un rejet affectant toutes les assises d'une façon égale; il y a dans ce dernier cas simple mouvement de glissement des deux côtés le long de la faille, sans plissement des couches qui ne présentent par suite pas de crochons.

    Bien souvent, du reste, ces failles-ci sont des déchirures qui interrompent complètement les gîtes.

Chapitre VIII _ Filons

Sommaire

A_ Formation des cassures : Par effondrement _ Par érup-
tion _ Par refoulement _ Propagation.
B_ Constitution des filons : Formation _ Minéralisation
C_ Accidents contemporains de la formation des filons :
Forme de la cassure _ Débris _ Nature des épontes_
Profondeur
D_ Accidents postérieurs à la formation : Existence
d'autres filons _ Rencontre par un autre filon_
Rencontre par une faille.
E_ Dimensions des filons : Longueur _ Épaisseur.

Nous allons étudier maintenant le mode de formation
des cassures de l'écorce terrestre, la constitution des filons et
leurs accidents.

A _ Formation des cassures.

Un filon étant une cassure minéralisée, il y a lieu,
tout d'abord, de voir comment cette cassure a pu prendre naissance.

Les cassures de l'écorce terrestre se présentent sous plusieurs
aspects suivant les conditions de leur formation. On distingue
3 genres de cassures :

1º _ Cassures par effondrement _ presque verticales
2º _ Cassures par éruption ________ inclinaison moins
grande.
3º _ Cassures par refoulement _ voisines de l'horizontale
Celles qui ont le plus de chances d'être minéralisées

et de donner par suite des filons, sont les premières, parce qu'elles communiquent avec l'intérieur du noyau terrestre à cause de leur direction verticale.

§ 163 — Cassures par effondrement.

Ainsi que nous l'avons déjà vu au chapitre VI, les cassures par effondrement se rencontreront dans une région qui a subi un affaissement général, provenant d'une différence de contraction entre le noyau fluide et l'écorce terrestre. Le refroidissement terrestre provoque ainsi une série de cassures successives dans la pellicule solide

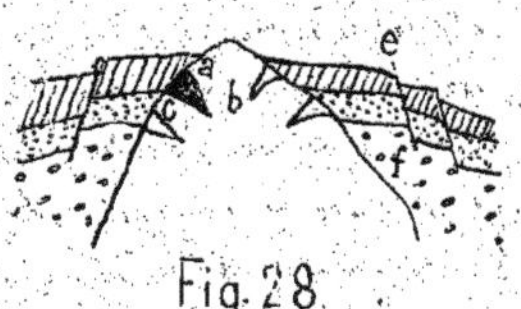

Fig. 27

dans les zones où celle-ci n'est plus soutenue par la masse liquide interne. L'effondrement se produira (fig. 27) suivant des rayons du globe terrestre, le long desquels les diverses strates glisseront les unes par rapport aux autres. C'est pourquoi la direction générale des cassures ainsi obtenue est sensiblement verticale.

§ 164 — Cassures par éruption.

Par suite d'un soulèvement volcanique par exemple, une masse rocheuse, venant de l'intérieur de la terre, trouvera une formation sédimentaire existante. Il en résultera deux systèmes de cassures :

a) — Dans la masse éruptive, par suite du frottement sur les roches traversées et par suite aussi du refroidissement que subit la masse au contact des terrains sédimentaires, il se produira un retrait qui provoquera des cassures en entonnoir, telles que a, b, c, ouvertes à la surface du bloc éruptif et allant rapidement en se fermant à l'intérieur de ce bloc. On pourra trouver quelques

Fig. 28.

...ines de ces cassures minéralisées, l'origine de la minéralisation étant dans la roche même qui a fait éruption. On aura alors des gîtes d'inclusion en amas incorporés aux roches éruptives. C'est ainsi qu'on trouve certains minerais de fer (magnétite) en inclusion dans des péridotites (Suède) ou dans des serpentines (Italie) certains minerais de cuivre inclus dans des serpentines (Allier Italie); de même la cassitérite se rencontre souvent en inclusion dans la granulite (Plateau Central) et la garniérite se trouve dans des roches éruptives vertes souvent transformées en serpentine (Nouvelle-Calédonie). Le phénomène qui a ainsi produit la séparation des minerais dans les roches éruptives, s'appelle ségrégation

b) — Dans les terrains sédimentaires qui ont été traversés par la masse éruptive, il se produit également des cassures telles que e, f. Elles seront divergentes à partir de l'intérieur, car cette fois au lieu d'un effondrement des strates, on a un exhaussement. Ces cassures sont plus importantes au point de vue de la minéralisation qu'elles peuvent avoir, que les cassures précédentes par retrait qui ne donnent pas toujours lieu à ségrégation.

§ 165 — Cassures par refoulement.

Ces cassures proviennent de mouvements d'effondrement éloignés. Comme nous l'avons déjà remarqué (voir fig. 6) les affaissements tout en provoquant sur place des cassures verticales, se font sentir très loin par des mouvements de plissement. Si ceux-ci sont importants et nombreux il pourra se produire des fractures dans les terrains qu'ils affecteront (fig. 29). Les lignes $a, b, a'b'$ seront des lignes de striction. Pour qu'il y ait fracture il faudra que le mouvement de plissement soit très accentué et par conséquent qu'il incline beaucoup les terrains. C'est pourquoi les cassures ainsi obtenues

Fig. 29

sont voisines de l'horizontale.

Remarquons en passant que les failles, limites de plissement des couches, rentrent dans cette catégorie.

§ 166 — Propagation des cassures.

Comment vont se propager les cassures qui prennent naissance en un point de l'écorce terrestre. Si la propagation avait lieu dans un milieu homogène, elle serait plane.

Mais comme le milieu est hétérogène, le résultat obtenu sera tout différent. Soit (fig. 30) une série de couches superposées et un effort de déchirement dirigé suivant la flèche. La première assise I, peu résistante, cédera facilement et se coupera suivant la ligne de poussée. Dans l'assise suivante II plus résistante, la rupture tendra à se faire suivant la ligne de moindre résistance, et se rapprochera par conséquent de la normale à la strate.

Fig. 30

Si ensuite l'assise III est plus tendre, la cassure se continuera dans celle-ci suivant une direction parallèle à l'effort; et ainsi de suite.

La cassure au lieu d'être plane, sera donc une ligne sinueuse par suite de l'inégale résistance des terrains qu'elle affecte.

Après la première phase de formation, vient une seconde phase de glissement des strates le long de la cassure, qui produit un déplacement du toit par rapport au mur ou inversement.

Fig. 31

La figure 31 est faite en supposant que le toit est descendu sur le mur. Les deux parties des assises I, III, V resteront en contact. Au contraire les deux lèvres des assises II et IV s'écarteront l'une de l'autre; il en sera de même pour toutes les couches fracturées suivant une direction différente de celle de l'effort initial.

Il en résultera une succession de parties étroites dans les strates tendres et largement ouvertes dans les strates dures, qui donneront à la cassure une allure tout à fait irrégulière. On peut le constater aisément pour les cassures qui se prolongent jusqu'à la surface du sol.

B — Constitution des filons.

§ 167 — Formation.

Vous venons de voir comment une cassure avait tendance à se propager.

Parmi les lignes de moindre résistance qu'elle pourra suivre, il y a le joint entre deux strates. C'est ainsi qu'un filon formé par une direction de cassure indiquée par la flèche (fig. 32), en arrivant au plan de séparation de deux assises, pourra suivre ce plan pendant un certain temps si la résistance au déchirement est moins grande dans ce sens que dans un sens normal à la strate. Un pareil filon est dit filon en escalier.

Fig. 32

Il se peut que le filon reste complètement dans le joint de deux assises, si la résistance qu'il éprouve à traverser l'assise est trop grande. On aura alors (fig. 33) un filon-couche. Il perd ainsi tout caractère de cassure et bien souvent il peut être pris pour une couche, car il n'a plus l'inclinaison accentuée qui caractérise, en général, les gîtes filoniens.

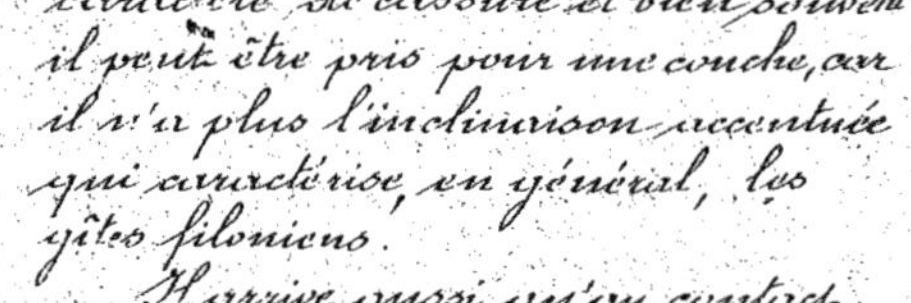

Fig. 33

Il arrive aussi qu'au contact de terrains d'âges très différents,

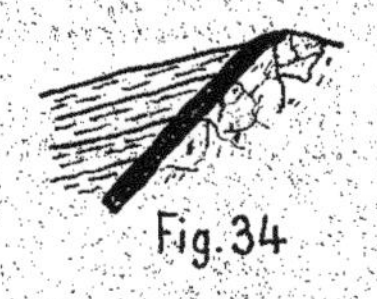

Fig. 34

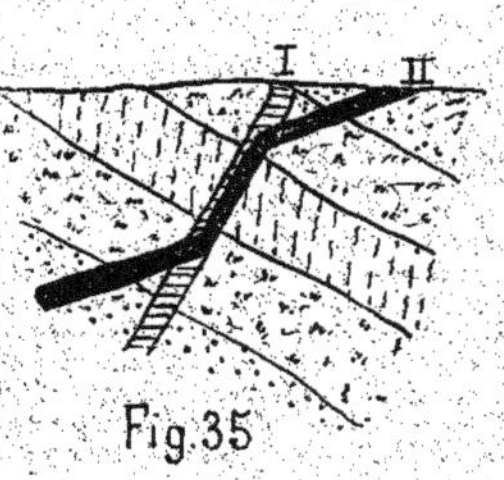

Fig. 35

ou sur une ligne de moindre
résistance, dans laquelle un
filon s'engagera volontiers. C'est
ce qu'on appellera un gîte filo-
nien de contact (fig. 34)

Enfin un filon nouveau II
peut rencontrer un ancien filon I
(fig 35) qui peut se rouvrir pour
lui donner passage. Le filon II
cheminera alors sur une certaine
longueur avec le filon I. On dit
que l'on a un filon se traînant.

§. 168 — Minéralisation
Les cassures ainsi obtenues
se minéralisent si elles sont en
relation avec l'intérieur du globe.

Si la communication est directe on aura une masse importante injectée dans la fente ; c'est ce qui s'est produit au Rio Tinto
pour les filons de chalcopyrite.

La plupart du temps, il y a en déplacement des épontes
lequel a provoqué un frottement, d'où un broyage des parois,
Ce broyage a donné des fragments de roches, qui sont tombés à
l'intérieur de la cassure ; il a produit aussi une poudre argileuse,
qui s'est déposée sur les parois pour former les salbandes.

Supposons donc la cassure en relation avec l'intérieur,
elle va être parcourue par les gaz qui composent l'atmosphère
intérieure. Nous pouvons avoir une idée de la composition de
ces gaz, d'après les fumerolles volcaniques lesquelles renferment
vapeur d'eau, acides carbonique, chlorhydrique, fluorhydrique,
sulfhydrique, borique, etc. Dès que les gaz se sont éloignés du
noyau central la vapeur d'eau se condense ainsi que la plupart
des matières minérales, en formant une solution acide capable
d'attaquer les parois de la cassure.

La cassure sera donc parcourue par un courant de gaz
et d'eau minéralisée venant de l'intérieur et qui peuvent dépo-

les matières qu'elles apportent. C'est ce qu'on appellera la minéralisation par ascension.

Inversement on aura une minéralisation descendante, si l'eau vient de la surface du sol au lieu d'être d'origine interne.

Le minerai est accompagné de gangue c'est-à-dire de matière stérile mélangée à la veine métallifère et qui constitue le remplissage du filon.

Le remplissage est plus ou moins caractéristique pour chaque espèce de minerai; les gangues sont formées de quartz, calcite, dolomie, barytine, fluorine elles sont quelquefois constituées par un autre minerai présentant une valeur moindre que le minerai principal, par exemple la pyrite de fer. L'enrichissement du minerai, par élimination de la gangue fait l'objet de la Préparation mécanique des minerais que nous étudierons en détail plus tard.

Les minerais sont bien souvent des sulfures, tels que la blende, la galène, les pyrites de fer et les pyrites de cuivre, etc...

La minéralisation de la cassure peut se présenter sous deux aspects différents.

1° — Structure rubannée. La gangue et le minerai sont disposés en bandes parallèles aux parois et symétriquement à partir du toit et du mur par rapport à la ligne médiane. Ces substances sont à l'état concrétionné, sauf dans les cavités dites géodes où elles sont à l'état cristallisé. C'est le cas de la fig. 36 où l'on rencontre, en partant des épontes, un dépôt de salbande, la gangue, le minerai A, le minerai B et au milieu la gangue; la disposition est symétrique par rapport à la ligne médiane de la cassure, qui est un dépôt de gangue.

Fig. 36

2° — Structure bréchiforme. Elle se produira si l'intérieur de la cassure a été rempli de débris des parois. La minéralisation s'est alors faite autour des divers fragments en donnant des dépôts zonés de gangue et minerai avec toujours

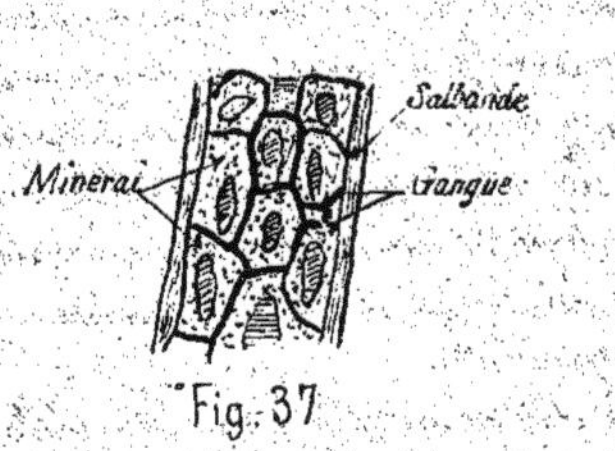

Fig. 37

la même alternance. Par exemple dans la figure 37, on trouve autour de chaque fragment une couche de minerai entourée par une couche de gangue.

La minéralisation n'est pas souvent régulière, et la teneur du minerai c'est-à-dire la proportion des divers métaux contenus est en général variable d'un point à un autre d'un même filon. Ces variations résultent d'accidents contemporains ou postérieurs à la formation des filons.

C — Accidents contemporains de la formation des filons.

Les accidents ou irrégularités de minéralisation datant de la formation même du filon peuvent être dus à la forme de la cassure, aux fragments de roches qui s'y trouvent, à la nature des épontes, et à la profondeur correspondante.

§ 169 — Forme de la cassure.

La cassure ainsi que nous l'avons vu, s'étant propagée en milieu hétérogène est composée de parties différentes: les unes de faible épaisseur et fermées, les autres larges et de grande ouverture. Les eaux et les gaz circuleront mieux là où la cassure est grande et par suite le dépôt de matière minérale s'y fera mieux. Il y aura donc enrichissement de la minéralisation dans les strates résistantes. Par conséquent dans la cassure (fig. 38) on aura une série de colonnes riches disposées au niveau des strates dures et qui représenteront l'intersection de ces strates avec

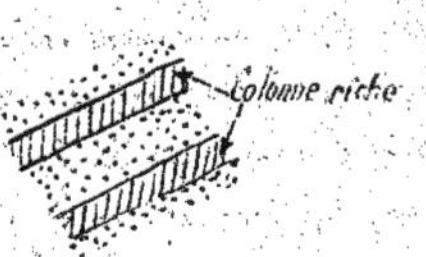

Fig. 38

la cassure.

§. 170 — Débris dans la cassure.

Même, si la cassure, traversant un terrain homogène, était partout de même ouverture, on n'aurait pas forcément une minéralisation régulière. En effet la cassure est presque toujours plus ou moins obstruée par les débris des parois; aussi les eaux y circulent plus ou moins facilement. On aura donc des dépôts de matière minérale d'intensité variable avec des colonnes ou amas riches discontinus dans les parties contenant peu de fragments.

Il arrive même que le dépôt se divise en plusieurs branches.

D'une façon générale on peut dire qu'il y a avantage à avoir un filon mince mais bien minéralisé, plutôt qu'un filon épais mais à minéralisation dispersée.

§171 — Nature des épontes.

Une autre cause d'enrichissement de la minéralisation, est la résistance des parois à l'action chimique des eaux. S'il se trouve des strates facilement attaquables par les eaux, comme le calcaire par exemple, il en résultera un élargissement de la cassure à leur niveau par suite de la corrosion des parois. Le passage du courant fluide étant plus facile, le dépôt de matière minérale sera plus abondant à l'intersection de pareilles strates avec la cassure. On aura donc encore production de colonnes riches, qui, cette fois correspondront aux terrains de faible résistance chimique, alors que dans le premier cas, les colonnes riches correspondraient aux terrains de grande résistance mécanique.

§172 — Profondeur

Il se produit enfin dans la minéralisation, des variations dues à la profondeur, c'est-à-dire à la distance du point de départ du dépôt de matière utile. Par suite du dépôt même qui se fait dès l'origine de la cassure, les eaux qui y circulent ont une teneur décroissante à mesure qu'elles avancent; donc l'intensité du dépôt variera.

A l'influence de la concentration viennent s'ajouter des influences électriques provenant des variations de la température et de la pression dans le courant fluide minéralisateur.

C'est pourquoi l'on constate que la teneur d'un filon varie avec la profondeur, elle peut augmenter ou diminuer suivant que les eaux de minéralisation sont venues de l'intérieur ou de l'extérieur. Il y a même souvent changement de la nature du minerai; cela est courant pour les filons argentifères, où l'on trouve en surface des chlorures, bromures et iodures, avec argent natif, puis plus bas la galène argentifère, et plus bas encore la galène mélangée de blende ou de pyrite de cuivre avec diminution de la teneur en argent.

D — Accidents postérieurs à la formation des filons.

Les accidents qui peuvent affecter les filons après leur formation sont dus :

1° — à d'autres filons;

2° — à des failles

§ 173 — Existence d'autres filons

Il est rare qu'un filon soit seul, car en un point de la surface du globe, il ne se produit pas qu'une cassure unique; en général on y rencontrera tout un véritable système de cassures, c'est ce qu'on appelle un champ de fractures. On pourra avoir suivant les cas :

1° — Un filon ramifié suivant plusieurs branches plus ou moins complexes.

2° — Une série de filons parallèles pour lesquels on admet qu'ils ont même âge, même origine et même remplissage.

3° — Un système de filons en quadrillage plus ou moins régulier et qui constitue un stockwerk. On en trouve de nombreux dans les gisements complexes des régions de Freiberg (Saxe) de Joachimstahl (Bohême) de Schemnitz (Hongrie) qui fournissent des galènes et blendes argentifères.

L'expérience d'Aubrée permet de se rendre compte de la formation de ces cassures complexes; elle consiste à soumettre une plaque de verre à des efforts de torsion; il en résulte un double système de cassures rectangulaires. C'est donc bien sous l'action des plissements de l'écorce que ces champs de fractures complexes ont pris naissance. La complication que l'on y trouve se comprend très bien, si l'on songe qu'une zone, déjà craquelée une première fois, représente dans la croûte terrestre un point de moindre résistance; ainsi, quand un nouveau cataclysme arrivera, la zone considérée subira plus facilement qu'une autre les effets produits et de nouvelles cassures s'y formeront

§ 174 — Rencontre d'un filon par un autre.

Le croisement de deux filons engendrera au point de rencontre des colonnes riches.

Le filon I est le filon ancien. Le nouveau filon est le filon II (fig. 39). La cassure qui a donné naissance à II a coupé le filon I en deux parties. On dit que I est le filon croisé, et II est le filon croiseur. On peut donc énoncer la règle suivante:

Le filon croisé est plus ancien que le filon croiseur.

Fig. 39

Quelquefois la direction de l'effort qui donne naissance à II est assez voisine du filon I (fig. 40) pour que celui-ci se rouvre pour donner passage au filon II sur une certaine partie de sa longueur, de sorte que II est un filon se traînant.

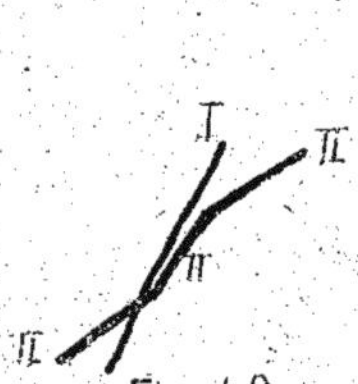

Le filon II semblera être coupé en deux, c'est-à-dire être le filon croisé et par conséquent le plus ancien. Mais après une inspection un peu soignée, on constatera que

Fig. 40

sur la partie de I comprise entre les deux moitiés de II, il y a mélange des remplissages des deux filons, tandis que dans le cas de la figure 3₉ le filon II ne remplissait le filon I à aucun moment. De sorte que la règle énoncée subsiste en la complétant comme suit :

Le filon croisé est plus ancien que le filon croiseur toutes les fois qu'il n'y a pas mélange des remplissages.

§ 175 — Rencontre d'un filon par une faille

Si le filon est rencontré par une faille, c'est-à-dire par un filon non minéralisé, il y aura également séparation du filon en deux parties avec déplacement de l'un des morceaux par rapport à l'autre ; mais on ne trouvera plus d'enrichissement au passage de la faille.

E — Dimensions des filons.

Les dimensions des filons, longueur et puissance sont très variables

§ 176 — Longueur

La longueur d'un filon peut varier de quelques centaines de mètres à plusieurs kilomètres. Cela dépend de l'importance de la fracture qui leur a donné naissance

Le Comstock Lode dans le Nevada est un des plus grands filons connus, il est long de 7 kilomètres, et a produit plusieurs milliards d'or et d'argent.

Le Mother Lode en Californie peut être regardé comme le plus grand filon connu. On le connaît sur plus de 150 kilomètres ; il est constitué par des quartz rubannés avec or natif et pyrite.

§ 177 — Épaisseur

§ 177 – Épaisseur

L'épaisseur ou puissance est également très variable. Elle est couramment de 1 à 2 mètres, mais elle peut dépasser 50 mètres aussi bien qu'elle peut descendre à une dizaine de centimètres.

Ainsi à Monte Vecchio en Sardaigne on exploite un filon de galène argentifère ayant 60 mètres de puissance. Pour le Mother Lode l'épaisseur varie de 1 à 40 mètres suivant les endroits.

En Norvège, dans le gisement argentifère de Kongsberg, la puissance des filons exploités atteint un maximum $0^m 20$.

La grande épaisseur d'un filon n'indique pas forcément une grande richesse.

Au point de vue de l'exploitation on considère l'épaisseur réduite c'est l'épaisseur qu'aurait le filon si le remplissage n'était formé que par le minerai. Soit E l'épaisseur d'un filon, d la densité moyenne du remplissage, t sa teneur en métal; la quantité de métal contenu par unité de longueur du filon sera donc $E \times d \times t$. Si nous désignons par Σ l'épaisseur réduite, δ étant la densité du minerai et Θ sa teneur, la quantité de métal contenu dans l'unité de longueur du filon à épaisseur réduite sera, de même $\Sigma \times \delta \times \Theta$. On devra donc avoir

$$E \, dt = \Sigma \, \delta \Theta$$

d'où l'on déduit $\quad \Sigma = E \times \dfrac{d}{\delta} \times \dfrac{t}{\Theta}$

formule qui permettra de calculer l'épaisseur réduite d'un filon donné.

En général on ne calcule pas l'épaisseur réduite correspondant au minerai théoriquement pur, mais celle qui correspond à un minerai marchand, c'est-à-dire mélangé de 20 à 30 % de gangue. Les chiffres auxquels on arrive sont de l'ordre des centimètres, au lieu que pour la puissance brute ils sont de l'ordre des mètres.

On pourra même, si l'on veut se faire une idée nette de la richesse du filon, tracer la courbe donnant les épaisseurs réduites en chaque point du filon. Le plus commode sera alors de tracer cette courbe pour chaque niveau d'exploitation.

On portera en abcisses, par exemple, les distances

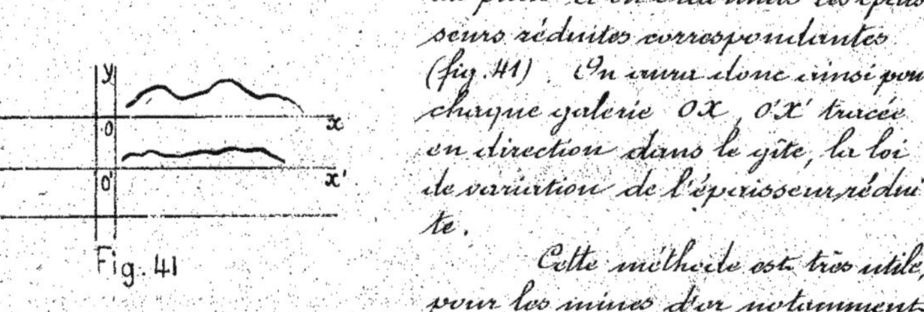

Fig. 41

en puits et en ordonnées les épaisseurs réduites correspondantes.
(fig. 41) On aura donc ainsi pour
chaque galerie OX, O'X' tracée
en direction dans le gîte, la loi
de variation de l'épaisseur réduite.

Cette méthode est très utile,
pour les mines d'or notamment,
où, étant donné la faible teneur des minerais, il y a intérêt
à savoir ce que l'on fait pour ne pas entreprendre des travaux
d'abatage dans des zones dont l'épaisseur réduite, trop faible,
ne donnerait pas une exploitation rémunératrice.

Chapitre IX _ Failles.

Sommaire
{
A _ Action d'une faille : Rejet
B _ Traversée de la faille d'après les indications du terrain :
Avant la faille _ Après.
C _ Traversée dans le cas général : Hypothèse de Schmidt
Règle de l'angle obtus _ Règle de Carnall _ Règle
de l'amont - pendage _ Traversée extérieure à
la faille _ Cas spéciaux
}

Après avoir vu l'effet produit par une faille nous étudierons la manière dont il faut la traverser quand on a des indications à ce sujet, et comment on doit s'y prendre dans le cas général où aucun indice sur l'effet produit n'existe.

A _ Action d'une faille.

§ 178 _ Rejet.

Lorsqu'on vient buter contre une faille, il faut la traverser et retrouver de l'autre côté la portion déplacée du filon.

Quelle que soit l'origine de la faille (limite de plissement ou cassure de l'écorce par effondrement) l'effet produit sur un gîte est un déplacement qui relève ou abaisse ce gîte par rapport à la position primitive qu'il occupait (faille directe ou faille inverse) On dit qu'il y a rejet.

Ce déplacement, comme le déplacement le plus général d'un corps, est une rotation. On constate assez fréquemment que le déplacement ou rejet de la faille varie quand on chemine dans diverses directions, dans une certaine partie du gîte le déplacement s'effectue vers le haut, par exemple, et dans l'autre partie vers le bas ; cela se rencontre aux houillères de Montchanin, en Saône et Loire.

Mais en général le centre instantané de rotation est assez éloigné pour qu'on puisse considérer le mouvement comme une translation. Cette translation pourra être décomposée en deux autres, l'une suivant la ligne de plus grande pente de la faille considérée, l'autre suivant l'horizontale.

On peut considérer l'une ou l'autre des translations comme mesurant le déplacement. En général on mesure le rejet suivant la ligne de plus grande pente de la faille.

B Traversée de la faille
d'après les indications du terrain.

Pour retrouver la partie du gisement déplacée par la faille, il faut connaître le sens du mouvement de translation. Comment le fixer ? On se base sur les renseignements que l'on rencontre avant ou après la faille.

§ 179 — Indications fournies avant la fouille.

Tout d'abord on regarde s'il n'y a pas d'indices dans le gîte même.

Bien souvent on constate que le mur est poli et présente des stries qui indiquent la direction dans laquelle s'est produit le déplacement.

Mais le sens n'est pas déterminé ainsi. Il sera quelquefois donné par des indications positives : entraînement de la matière formant le gîte dans la faille.

Cela se produira surtout pour les couches, quand la faille est la limite d'un plissement (fig. 42), la couche présentant alors en arrivant au plan de la faille une inflexion avec crochon dans le sens du mouvement.

Fig. 42

Pour les filons l'indication est beaucoup moins nette.

§ 180 — Indications fournies au-delà de la faille.

Si les indications précédentes n'existent pas il faut traverser la faille et étudier les terrains de l'autre côté.

Si les terrains au toit et au mur sont différents et qu'en traversant la faille dans le prolongement même du gîte on trouve le terrain du mur en face de celui du toit, on est sûr d'avoir une faille directe. C'est le cas de la figure 43 où en traversant la faille en A on constatera qu'en face du schiste du toit on a le grès du mur de la couche : on aura alors la certitude que pour retrouver le gîte, il faudra remonter la faille de A vers B (Si on avait traversé la faille en B, il faudrait descendre).

On est encore certain d'avoir une faille directe, et par conséquent d'avoir à remonter dans la faille si on l'aborde en montant dans le gîte, lorsque le mur est un terrain primitif, que l'on retrouve au niveau du toit, après avoir franchi la faille.

Fig. 43

Gres

Schiste

C Traversée de la faille dans le cas général.

La plupart du temps on ne peut recueillir d'indications précises sur le sens du déplacement d'après l'allure des terrains considérés. Ceci est surtout le cas des filons, qui sont assez voisins de la verticale et qui par conséquent, traversant les couches à travers-bancs, ont deux épontes composées de plusieurs terrains différents. De sorte qu'on ne peut différencier le toit et le mur, et recueillir des indices certains en traversant la faille, comme cela pourrait arriver pour une couche, ainsi que nous venons de le voir.

On a alors recours à l'hypothèse, et il faut seulement

chercher à faire l'hypothèse la plus rationnelle. Une fois celle-ci admise l'on applique l'une des règles que nous allons indiquer pour retrouver le gîte au delà de la faille.

§ 181 — Hypothèse de Schmidt.

L'hypothèse faite par le mineur Schmidt est la suivante :

En général le mouvement produit par une faille est une descente du toit sur le mur qui a pour effet un écartement parallèlement à son plan des deux parties du gîte.

Autrement dit : on supposera que la faille produite est une faille directe correspondant à l'un des deux cas ci-dessous :

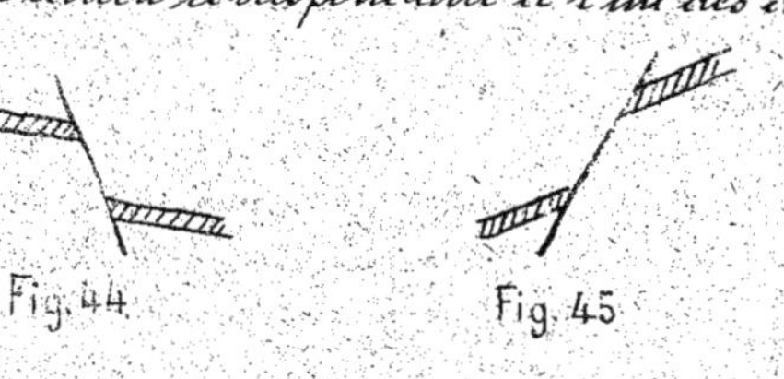

Fig. 44   Fig. 45

Fig. 46

Fig. 47   Fig. 48

(fig. 44 et fig. 45) pour lesquels, si l'on suit le gîte en montant pour arriver à la faille, le déplacement se fait vers le toit.

Cette hypothèse se comprend très bien dans le cas des failles résultant d'un effondrement de la croûte terrestre (fig. 46) Mais il y a des cas où les failles proviennent de cassures voisines de l'horizontale, ou bien sont des limites de plissements, et alors on aura souvent des failles inverses (fig. 47 et 48) pour lesquelles, en montant dans le gîte, le déplacement se fait vers le mur.

En supposant l'hypothèse de Schmidt exacte, on appliquera, pour retrouver le gîte l'une des trois règles que nous allons donner.

Si par cette application on ne pouvait obtenir aucun résultat, c'est que l'hypothèse ne se trouverait pas vérifiée, et qu'on serait alors dans le cas d'une faille inverse, il suffirait donc d'employer l'une des règles en sens inverse (ainsi que nous l'indiquerons pour chacune) pour arriver à la solution.

Du reste, pour savoir si l'hypothèse de Schmidt est applicable, il suffit bien souvent de raisonner par analogie avec ce qui se passe dans le voisinage, quand on a pu déjà étudier d'autres failles.

§ 182 — Règle de l'angle obtus.

On arrive généralement à la faille par une galerie horizontale située dans le gîte.

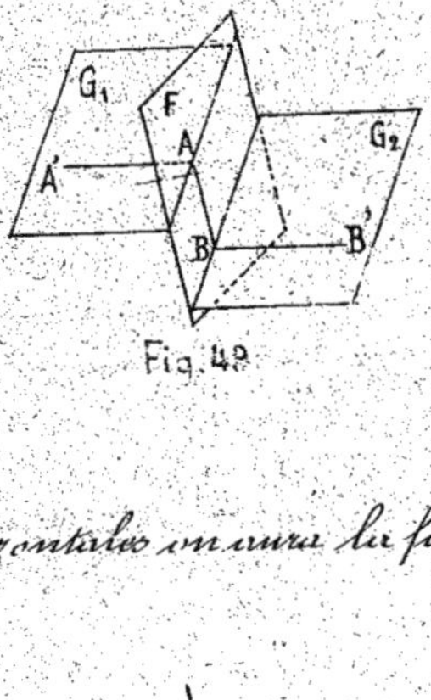

Soit G_1 et G_2 les deux portions du gîte, séparées par la faille F (fig. 49) on arrivera à la faille F par la galerie horizontale A'A tracée dans le gîte G_1. Au point A on suivra la ligne de plus grande pente AB de la faille jusqu'à ce qu'on rencontre la portion G_2 du gîte où l'on pourra tracer la galerie horizontale BB'.

En faisant la coupe par le plan contenant ces deux horizontales on aura la figure 50 où A'A et B'B sont les deux galeries et AB la projection du plan de la faille. Comme la faille est directe (Hypothèse de Schmidt) les angles A'AB et ABB' sont obtus. Où si l'on arrive par A'A il faut suivre le sens AB sur la faille pour retrouver BB', et inversement si l'on arrive à la faille par B'B il faut suivre le sens BA : dans les deux cas on suit le sens de l'angle obtus.

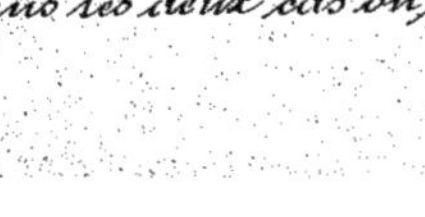

Fig. 49

Fig. 50

Il en serait de même dans le cas de la fig 51 où la faille AB est inclinée de l'autre côté de la verticale.

Fig. 51

On peut donc énoncer la règle de la façon suivante :

Pour retrouver le gîte, il faut cheminer dans le plan de la faille dans le sens du côté de l'angle obtus qu'elle fait avec le plan horizontal.

Remarquons ici que dans le cas où l'hypothèse de Schmidt ne se vérifie pas (faille inverse) on aura l'une des figures 52 ou 53 où les angles en A_1 et en B_1 sont aigus. Il faudra donc suivre la faille aux points A_1 ou B_1 dans le sens de l'angle aigu. Il suffira, par conséquent, d'inverser la règle, comme nous l'avons dit plus haut, pour arriver au gîte.

Fig. 52

Fig. 53

§ 183 — Règle de Carnall.

La règle précédente a l'inconvénient d'obliger à suivre le plan de la faille, et de sortir par conséquent du plan horizontal. Or généralement les intersections des lambeaux du gîte et de la faille seront obliques sur l'horizontale, on peut donc trouver une ligne horizontale s'appuyant sur ces deux intersections. La traversée de la faille se fera donc en restant dans le plan horizontal, il n'y aura qu'à suivre l'horizontale de la faille dans un sens déterminé par la règle suivante :

Faille par toit, couche au toit. Faille par mur, couche au mur. C'est-à-dire que si l'on arrive à la faille par son toit le lambeau rejeté est au toit du lambeau où on se trouve (cas de la fig. 50 quand on arrive en B ; ou de la figure 51 quand on arrive en A). Si l'on arrive à la faille par son mur, le lambeau déplacé se retrouvera en marchant vers le mur de la couche.

En général la règle s'applique bien pour les couches ; pour les filons, quand ils sont très inclinés il y a des régions où elle ne s'applique pas. Voyons quels sont ces cas.

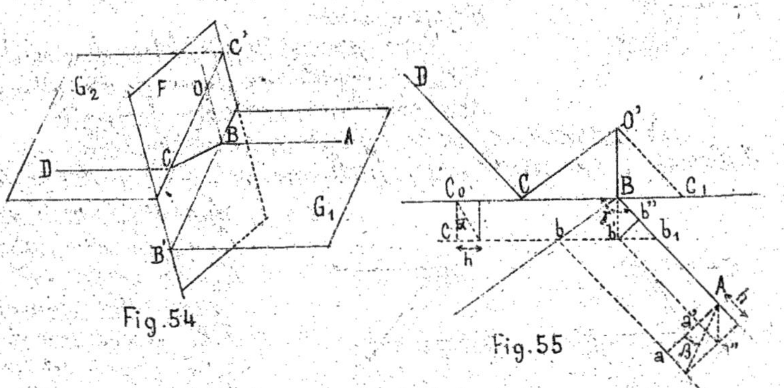

Soit donc (fig. 54) les deux lambeaux du gîte G_1 et G_2 et la faille F. On arrive à la faille par la galerie horizontale A B, donc du côté de son toit ; on trouve la faille suivant l'horizontale BC jusqu'à ce qu'on rencontre le gîte G_2 en C. Les deux intersections de la faille avec les deux lambeaux de gîte G_1 et G_2 sont BB' et CC'.

Soit O l'intersection de la ligne de plus grande pente de la faille passant par le point B avec le gîte G_2. Etudions la variation de la position du point C sur l'horizontale BC quand l'inclinaison β du gîte G_1-G_2 varie.

Pour cela considérons les projections des diverses lignes de la figure 54, sur le plan horizontal passant par A B et BC. Soit donc (fig. 55) BC l'horizontale de la faille dont l'inclinaison est donné par l'angle α ; BA l'horizontale du gîte G_1. Le point O se projette en O' tel que BO' = BO $\cos\alpha$. Cherchons les projections des intersections BB' et CC'. Pour cela coupons par un plan horizontal situé à une distance h au dessous du plan ABCD. L'intersection de ce plan auxiliaire avec le plan G_1 se projettera suivant une ligne a b parallèle à A B et située à la distance $A\alpha = h \, \text{cotg}\,\beta$ en dessous de AB. L'intersection avec le plan de la faille F se projettera suivant une ligne bc parallèle à BC et située à la distance $C_2 c = h \, \text{cotg}\,\alpha$ en dessous de BC. Les deux droites ab et bc se coupent en b. La droite Bb est la projection de l'intersection BB' du gîte G_1 et de la faille F. La droite $O'C$ menée par O' parallèle à Bb sera la projection de l'intersection CC' du gîte G_2 et de la faille F. La droite CD menée parallèle à AB au delà de $O'C$ représentera l'horizontale du gîte G_2.

Si nous faisons varier l'angle β en faisant tourner le plan du gîte G_1 autour du point B et le plan du gîte G_2 autour du plan O' les droites Bb et $O'C$ vont tourner autour des points B et O'.

Pour $\beta = 0$ le point α est à l'infini, le point b est à l'infini sur la ligne bc de sorte que la droite Bb se confond avec BC; en effet le gîte est horizontal et d'après la figure 54 on voit que l'intersection BB' se confond avec l'horizontale BC de la faille. Quand β augmente la droite Bb se détache de BC et se rapproche de BA. Pour $\beta = 90°$, la droite ab vient sur AB et le point b en b_1. Les deux intersections avec la faille seront projetées suivant BA et $O'C$. Le point C est à droite du point B, ce qui montre que l'horizontale CD du gîte G_2 est du côté du mur du gîte G_1, alors que d'après la règle elle devrait être du côté du toit c'est-à-dire qu'en projection le point C devrait toujours rester à gauche du point B. La règle n'est donc pas applicable dans ce cas particulier. Il en sera de même pour toutes les positions du point C comprises entre B et C_1. La règle cessera donc d'être vérifiée à partir de l'inclinaison β_1 telle que le point C vienne en B, donc quand le point b vient en b'. L'angle correspondant β_1 se lit sur la fig. 55 en $\widehat{a'Aa''}$. On peut aisément calculer sa valeur. Désignons par γ l'angle des horizontales AB et BC du gîte et de la faille. Dans le triangle $Bb'b''$ on a la relation

$$b'b'' = b'B \, \sin \widehat{b'Bb''} = h \, \text{cotg}\,\alpha \, \cos\gamma .$$

D'autre part dans le triangle $Aa'a''$ on a la relation

$$Aa' = a'a'' \, \text{cotg}\,\beta_1 = h \, \text{cotg}\,\beta_1$$

or $b'b'' = Aa'$; on en déduit donc

$$h \, \text{cotg}\,\alpha \, \cos\gamma = h \, \text{cotg}\,\beta_1$$

d'où

$$tg\,\beta_1 = \frac{tg\,\alpha}{\cos\gamma}$$

Telle est la relation qui détermine la valeur de l'inclinaison β_1 du gîte, à partir de laquelle la règle de Carnall n'est plus applicable.

Cette valeur de β est toujours voisine de 90°; il en résulte donc que pour les filons très inclinés, surtout si l'inclinaison de la faille est grande on ne pourra appliquer cette règle pour retrouver le gîte.

Remarquons enfin que dans tout ce que nous venons de dire, nous avons supposé implicitement que l'hypothèse de Schmidt était vérifiée; ce qui nous a conduit à placer dans les figures 54 et 55 les points O et O' en-dessous des points B. Si cela n'était pas le point O' serait venu au-dessous de la ligne BC (fig. 55), par suite le tracé $O'CD$ serait venu à droite de la ligne BO' et on aurait retrouvé la couche au mur du lambeau G_1, bien qu'on ait toujours abordé la faille par son toit. Par contre pour les fortes inclinaisons de gîte (entre β_1 et 90°) le tracé $O'CD$ serait revenu à gauche de $O'B$ et l'application de la règle aurait conduit au résultat.

Donc en résumé, comme pour la règle de l'angle obtus la règle de Carnall permettra de retrouver le gîte déplacé (à condition que celui-ci ait une inclinaison inférieure à β_1) si le déplacement a obéi à l'hypothèse de Schmidt. Mais si la faille considérée est inverse, il faudra inverser la règle (dans les limites de pendage où elle est valable.)

§ 184 — Règle de l'amont-pendage.

Prenons pour plan de la figure celui de la faille et traçons l'intersection des deux lambeaux de gîte. Si on arrive en A il faudra suivre l'horizontale de la faille dans le sens AB; si on arrive au contraire en B à la faille il

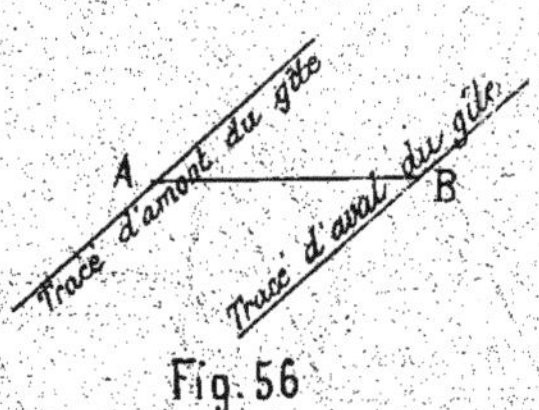

Fig. 56

faudra suivre l'horizontale dans le sens BA . Or A est sur la trace d'amont et B sur la trace d'aval du gîte . La règle s'énonce ainsi :

La traversée suivant l'horizontale de la faille se fera dans le sens où se projette l'amont ou l'aval pendage de la trace du gîte (par rapport au point où on se trouve) suivant qu'on est arrivé à la faille par la trace d'amont ou la trace d'aval du gîte.

Pour savoir si l'on est sur la trace d'amont on appliquera l'hypothèse de Schmidt (si le gîte arrive en montant à la faille, l'intersection avec la faille sera la trace d'aval).

Cette règle est générale et s'appliquera dans tous les cas où l'hypothèse est vérifiée. Il faudrait l'inverser si l'hypothèse n'était pas conforme à la réalité.

§ 185 — Traversée extérieure à la faille.

Les deux dernières règles permettent de traverser la faille et de retrouver le gîte en restant dans le plan horizontal, mais en suivant l'horizontale de la faille, qui est oblique par rapport aux traces des deux morceaux de gîte sur le plan horizontal considéré (AB et CD des figures 54 et 55). Le chemin que l'on a donc à suivre ainsi peut être assez long. Aussi préfère-t-on parfois marcher normalement à ces traces pour avoir une galerie moins longue. Cette galerie sera faite à travers-bancs en dehors du gîte et de la faille.

Dans le cas de la figure 57 (page 46), la galerie BE menée en B normalement à AB rencontrera le gîte en E plus rapidement que la galerie BC tracée dans la faille F. Dans le cas de la figure 58 (page 46), la normale en B à AB ne rencontrerait pas la ligne CD mais son prolongement à droite de C, car l'angle B est obtus, il faudra donc

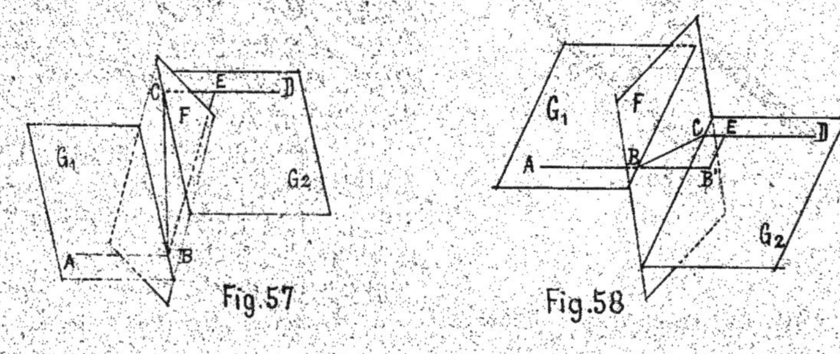

Fig. 57   Fig. 58

prolonger la galerie AB par laquelle on est arrivé à la fail
le d'une certaine longueur BB' au-delà de la faille, puis
l'on tracera une autre galerie à travers-bancs $B'E$ qui elle
recoupera le gîte G_2 au point E. Il pourra se faire que le che
min $B'B'E$ soit plus grand que BC, on n'aura donc pas
d'intérêt à sortir du plan de la faille (ceci se produira pour
de faibles inclinaisons de gîte)

On peut donc dire que quand on sort du plan de la
faille pour suivre dans le plan horizontal la direction perpen
diculaire à la galerie d'arrivée à la faille (cas où l'angle des
horizontales du gîte et de la faille est obtus) il faut marcher
sur cette perpendiculaire dans le sens que l'on serait amené
à suivre (d'après la 2ᵉ ou 3ᵉ règle) sur l'horizontale de la
faille.

§. 186 — Cas spéciaux.

Il y a des cas d'exception aux 2 règles précédentes, cas
pour lesquels il vaut mieux suivre un autre chemin que celui
du plan horizontal.

1ᵉ — Si le gîte est horizontal on ne peut pas espérer
rencontrer la partie déplacée en restant dans le plan horizon
tal. Il faut alors suivre la ligne de plus grande pente de
la faille.

2° — Si la faille est horizontale, elle va couper les deux lambeaux du gîte suivant deux horizontales. Il faudra alors suivre la perpendiculaire aux horizontales du gîte, comme dans le cas des figures 57 et 58 — mais cette perpendiculaire sera dans le plan de la faille.

3° — Si la faille et le gîte ont même direction et des inclinaisons inverses (fig. 59) il faudra suivre la perpendiculaire à la direction du gîte, c'est-à-dire l'horizontale AG_2 normale à la galerie horizontale du gîte.

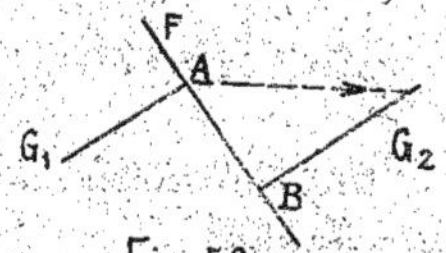

Fig. 59

4° — Si la faille et le gîte ont même direction et des inclinaisons de même sens (fig. 60) on suivra alors la ligne de plus grande pente de la faille.

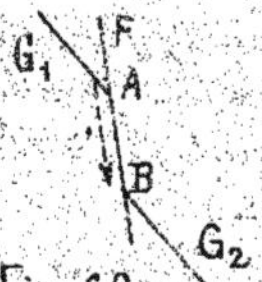

Fig. 60

Si le mouvement de déplacement du gîte s'était produit contrairement à l'hypothèse de Schmidt, les conclusions seraient inversées pour les deux derniers cas.

Chapitre X — Étude d'un gisement.

Sommaire

A — Préparation d'un voyage d'études minières : Documentation — Matériel de recherches.

B — Découverte des gîtes minéraux : Indications géologiques (Topographie — Carte géologique — Superposition des couches — Continuité — Parallélisme des gîtes) Indications locales (Minéralogiques — Archéologiques, Magnétiques — Électriques)

C — Reconnaissance des gîtes : Travaux par galeries et puits (Recoupement — Pénétration). Travaux par sondage.

D — Appréciation de la valeur d'un gisement : Cubage Situation géographique — Hydrologie — Main-d'œuvre Matériel — Considérations économiques.

L'Ingénieur chargé de présenter un rapport sur un gisement déjà découvert ou d'étudier une contrée encore vierge doit nécessairement s'inspirer des circonstances particulières qui motivent sa mission, pour la direction de ses études et la rédaction de son rapport ; mais on peut cependant donner à ce sujet des indications générales utiles.

Nous étudierons donc successivement la préparation d'un voyage d'études minières, les travaux d'exploration pour la découverte d'un gîte, les travaux de reconnaissance pour la délimitation du gisement rencontré et les considérations économiques et autres à envisager avant d'entreprendre l'exploitation

du gisement et sur lesquelles doit être basée l'appréciation de
la valeur du dit gisement.

A — Préparation d'un voyage d'études minières.

La préparation d'un voyage d'études minières exigera
un temps variable suivant l'importance des gisements à étudier
ou l'étendue et l'éloignement de la région qui doit être explorée en vue de la découverte des gisements qu'elle peut contenir.

§ 187 — Documentation.

On devra d'abord s'enquérir des travaux publiés sur la
géologie des régions à étudier et consulter autant que possible
les explorateurs qui les auraient déjà parcourues.

Outre les renseignements techniques et économiques, ceux
qui ont trait aux conditions climatériques et à la sécurité des
routes, etc..., ne devront pas être négligés. En effet, dans beaucoup de régions, la saison pendant laquelle peut s'accomplir
fructueusement un voyage de recherches est nettement limitée: il
faudra éviter la saison des pluies dans les régions tropicales et
se munir, en vue de la traversée des régions peu sûres, des armes,
des munitions, des protections diplomatiques ou militaires indis-
pensables à la réussite de l'exploration.

Dans le cas où il s'agit de gisements déjà connus et
exploités, il sera nécessaire d'étudier tout ce qui aura été publié
à leur égard, de consulter, s'il y a lieu, les personnalités techniques ou financières qui auraient fait partie des conseils d'administration ou du personnel dirigeant des sociétés constituées
pour l'exploitation du gisement. Après avoir étudié la géologie
générale du pays à parcourir et la géologie spéciale du gisement
considéré, on se documentera sur tous les autres points que l'on
jugera utiles, même sur ceux qui semblent n'avoir qu'un rapport très éloigné avec la question en vue, car ils pourront cependant fournir en temps opportun des indications précieuses.

§ 188 — Matériel de recherches.

On doit également se préoccuper du matériel à emporter au point de vue des travaux de recherches à effectuer, des essais et analyses à faire sur place.

En ce qui concerne le matériel de recherches, il y aura lieu de s'informer, avant le départ, si des travaux de découverte ont déjà été faits, s'ils sont en nombre suffisant et s'ils ont été été maintenus en bon état. Si rien n'a encore été fait, il faudra s'enquérir des ressources du pays en fait de personnel et de matériel de sondage, d'explosifs, d'outils de terrassiers, etc... Souvent il sera nécessaire d'emmener un chef mineur capable d'exécuter les travaux de sondage au moyen des appareils que l'on trouvera sur place ou que l'on emportera.

Nous parlerons dans le chapitre suivant des essais et analyses concernant les minerais.

B — Découverte des gîtes minéraux.

Les travaux d'exploitation des gîtes minéraux sont basés d'une part sur les indications géologiques, d'autre part sur les indications locales.

§ 189 — Indications géologiques.

Les indications les plus importantes sont fournies par l'étude géologique du pays.

Topographie. — Il est de la plus haute importance, avant d'entreprendre la prospection d'une contrée, de se munir des cartes à grande et à petite échelle, les mieux faites, les plus détaillées et les plus récentes qui aient été publiées sur cette région.

Une fois arrivé sur le terrain on déterminera exactement la situation topographique du gisement à explorer. On s'aidera pour cela des cartes géographiques emportées et de tous les plans, même les plus anciens qui auront été dressés du gisement et des travaux de recherches ou d'exploitation déjà effectués. De plus, pour les constatations rapides l'ingénieur prospecteur devra être muni d'une boussole de poche avec talon et aiguille d'inclinaison, ainsi que d'un petit baromètre métallique pour déterminer les altitudes et repérer les points qu'il devra explorer.

Carte géologique. — On s'attachera alors à faire une étude géologique aussi complète que possible de la contrée environnante, et on dressera une carte géologique mentionnant la nature des terrains et des roches avec les failles et les filons, en déterminant l'âge des diverses formations.

On a aujourd'hui étudié et exploité un nombre suffisant de gisements de toutes espèces pour qu'un prospecteur un peu exercé puisse conclure à la présence de certains minerais d'après la nature des terrains observés dans le voisinage. Ainsi l'on trouve souvent du cuivre dans le permien tandis que le sel gemme et le gypse apparaissent généralement dans le trias. De même les gisements de sel et de pétrole sont souvent voisins les uns des autres comme en Roumanie et en Alsace. Les filons se trouvent souvent en contact de schistes. Certaines roches comme les granulites des terrains anciens sont en relation étroite avec l'étain et l'or, tandis que les porphyres sont au voisinage de minerais cuivreux, plombifères ou zincifères. Ces remarques ne sont cependant pas toujours applicables.

Les filons seront suivis sur toute leur longueur au moyen de l'examen des affleurements combiné avec les résultats des sondages et des percements de galeries. Les parties riches des filons seront notées avec soin, ainsi que toutes les variations d'épaisseur, de direction et de profondeur dont on pourra se rendre compte pour couches et filons. Les renseignements que l'on recueillera sur place auprès des prospecteurs locaux et des industriels déjà établis dans le pays seront du plus grand secours dans ces recherches délicates.

L'étude géologique d'un gisement sert de base à toute son exploitation ultérieure; il ne faut donc rien négliger pour s'assurer de son exactitude. L'ingénieur prospec teur devra s'appuyer sur les travaux des géologues qui l'auront précédé; mais il aura soin de vérifier soigneusement leurs indications et de contrôler l'exactitude des cartes géologiques de la région qui, étant dressées généralement à une très petite échelle, sont susceptibles de contenir quelques erreurs pour les zones ordinairement peu étendues dans lesquelles on cherche à établir des exploitations minières.

Les conclusions positives ou négatives que l'on pourra tirer de cette étude géologique seront bien souvent dues à l'application de l'un des trois principes suivant: superposition des couches, prolongement et parallélisme des gîtes.

Superposition des terrains sédimentaires. D'après ce principe, dans les terrains stratifiés, une couche est plus récente qu'une autre qu'elle recouvre.

Par suite on pourra conclure à la non existence du gîte si on trouve comme terrain plus récent, un terrain inférieur à celui recherché; car on part de cette donnée; que telle substance doit être recherchée dans tel terrain, la houille par exemple dans le terrain carbonifère. Donc si on rencontre à la surface du sol les schistes primitifs, on n'ira pas chercher en dessous le terrain houiller, ou bien si aux affleurements on trouve des terrains jurassiques ou plus anciens, on ne pourra trouver en-dessous la craie blanche.

Cependant ce principe est en défaut dans les cas de renversement des strates provenant de plissement exagérés des terrains sédimentaires. Si donc la région étudiée présente des accidents de ce genre, il y aura lieu de n'appliquer le principe de superposition que sous toutes réserves. Par contre, si l'allure générale de la contrée est calme, sans plissements accentués, le principe pourra être utilisé avec sûreté.

Continuité des gîtes. — On admet qu'un gîte exploité n'est pas nécessairement seul et que les circonstances ayant occasionné sa formation, ont pu et dû créer d'autres gîtes dans le voisinage. En particulier si le gîte recherché est sédimentaire, il a été déposé dans une dépression, c'est-à-dire dans un pli synclinal, il y a alors des chances pour que ce dépôt ne se soit pas fait en un point unique du pli. On est donc conduit à rechercher le prolongement du gîte non seulement dans son voisinage, mais au loin dans le même pli.

C'est ainsi que l'on a trouvé de proche en proche le bassin du Nord qui affleurait en Belgique et en France dans le Pas-de-Calais, et dont la partie centrale, dans le département du Nord, était cachée par une grande épaisseur de morts-terrains (fig. 61).

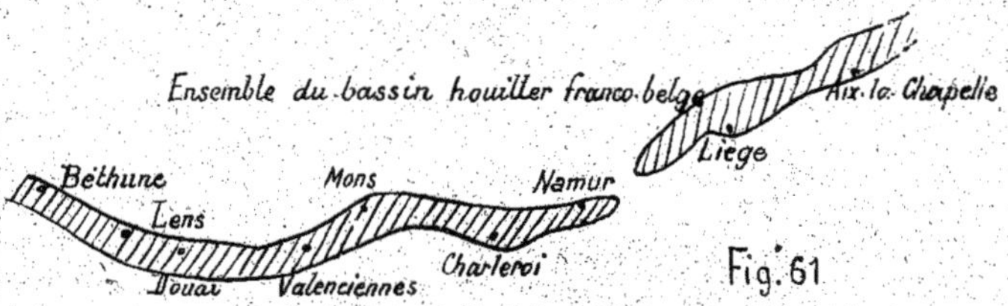

Fig. 61

De même l'on a découvert le bassin houiller d'Albi dans le prolongement du bassin de Carmaux.

C'est d'après cette hypothèse que des recherches ont été entreprises dans la région de Nancy pour retrouver le bassin de la Sarre; et dans la région de Lyon pour retrouver le bassin de St Étienne.

Lorsqu'il s'agit de gîtes filoniens on n'a plus le plissement synclinal comme guide. On appliquera alors le principe de la continuité en ligne droite; il faut cependant opérer avec discernement et tenir compte des déviations possibles et des failles transversales.

Parallélisme des gîtes. — Ce principe admet que les autres gîtes qui ont pu prendre naissance dans le voisinage du gîte considéré, se sont formés parallèlement à celui-ci.

Pour des gîtes sédimentaires on aura donc une série de couches superposées séparées par des strates stériles. C'est ce qui se passe par exemple pour le bassin houiller du Nord et du Pas-de-Calais ainsi que le montre la coupe ci-dessous (fig. 62)

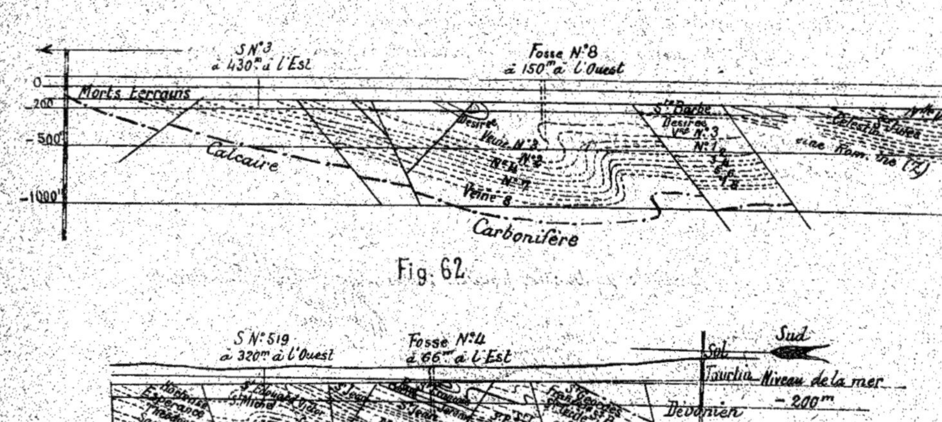

Fig. 62

Fig. 62 (suite)

Pour des gîtes filoniens on aura au lieu d'une seule fracture toute une série de fractures parallèles, recoupées perpendiculairement par une autre série de fractures parallèles entre elles. C'est ce que l'on trouve vérifié d'une façon très nette dans les champs de fractures de la Saxe et de la Bohême qui fournissent les minerais complexes de plomb (blende, pyrite, galène).

La figure 63 (page 55) montre les champs de fractures de Joachimsthal (Bohême Allemande)

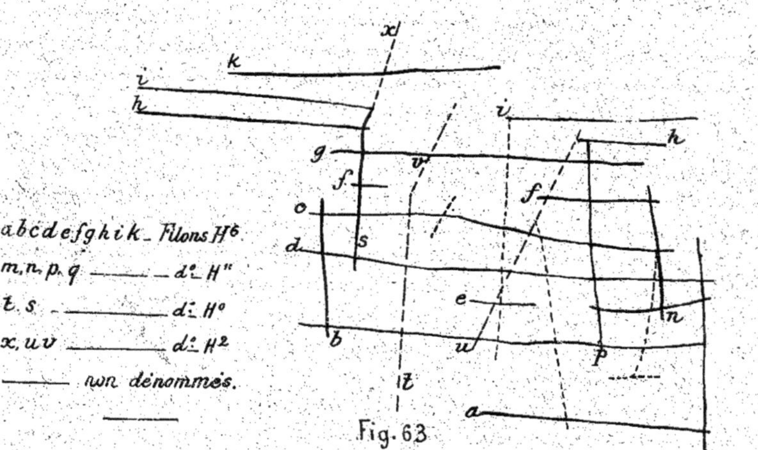

Fig. 63

§. 190 — Indications locales.

Les indications locales, qui peuvent aider à la découverte d'un gisement sont nombreuses. — Parmi elles nous citerons les indications minéralogiques, archéologiques, magnétiques.

Indices minéralogiques. — Ces indices peuvent être très variés.

Ce sera, par exemple, une minéralisation plus riche dans un point d'un filon qui indiquera la présence d'un autre filon croiseur dans le voisinage.

Le plus souvent, les indices minéralogiques seront fournis par l'examen des affleurements.

On trouvera à la surface du sol un chapeau de fer, ou encore des fragments de gangue ou de minerai.

On pourra constater l'existence d'un dyke en saillie c'est-à-dire d'une émergence du terrain formée par le rempli sage du filon. Dans d'autres cas, au contraire, l'affleurement se sera creusé et montrera une minéralisation très nette.

Au voisinage des couches de sel gemme, il existe fréquemment des sources salées ; de même que la couleur des eaux des ruisseaux est verte près des filons de cuivre et jaune d'ocre dans les districts ferrugineux.

Une différence d'allure dans les terrains sédimentaires peut indiquer le passage d'un filon ; par exemple des fragments de minerai ou de gangue (barytine, fluorine, calcite, etc...) seront mélangés aux strates dans les environs du filon. Les roches encaissantes de certains filons sont aussi très caractéristiques. C'est ainsi que les quartz accompagnent les minerais d'étain et d'or, et que la fluorine et la barytine sont mélangées au plomb, la calcite à l'argent, et les roches magnésiennes au cuivre.

Le lit des ruisseaux est un endroit où ces fragments viennent se rassembler bien souvent. Il faudra donc examiner soigneusement les alluvions qui s'y trouvent.

Indices archéologiques. — La tradition d'anciennes exploitations et encore mieux la trace d'anciens travaux abandonnés pourront guider utilement le prospecteur dans ses investigations.

Indices magnétiques — Les gisements de minerais de fer sont fréquemment magnétiques et exercent par suite sur la boussole une action perturbatrice, dont l'intensité varie avec la position relative de la boussole par rapport au gîte. On a utilisé cette propriété en Suède notamment, pour l'exploration des gisements de fer. Voici par exemple la méthode Thalen. On relève l'angle de déviation de l'aiguille aimantée en différents points.

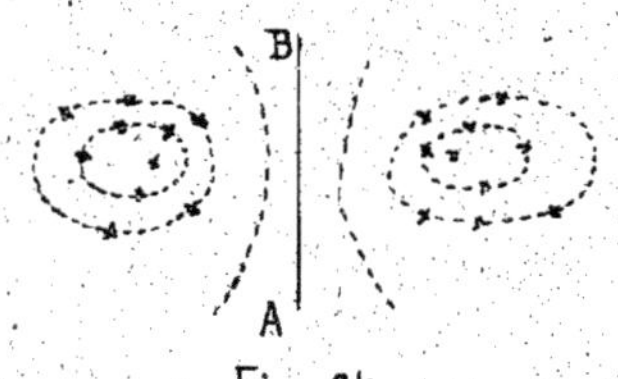

Fig. 64

On reporte ces points sur la carte et on réunit les points donnant la même déviation (fig. 64).

On obtient ainsi une série de courbes, analogues à des lemniscates, dont l'axe de symétrie A B représente l'axe du filon de fer.

Indices électriques :— Au cours des recherches sur la conductibilité des amas de pyrite, on a observé que tous les gisements pyriteux provoquent spontanément des différences de potentiel dans le terrain encaissant, et ceci jusqu'à une distance du minerai qui peut dépasser 100 mètres. Il est facile d'établir la carte de ces potentiels et l'on constate que les courbes équipotentielles relevées à la surface du sol enveloppent sensiblement le contour apparent du gisement. Les différences de potentiel atteignent au maximum quelques centaines de millivolts. Le potentiel du sol au-dessus de la pyrite est négatif par rapport à celui des régions éloignées.

Ces phénomènes semblent dus à un effet de pile, la pyrite enfouie dans le sol humide étant assimilable à un métal plongé dans un électrolyte et dont les diverses parties sont inégalement attaquées. L'énergie nécessaire à l'entretien du courant proviendrait des réactions d'oxydation, qui sont particulièrement vives dans les zones supérieures du minerai. Il est probable que les gisements vierges, où l'oxydation est faible, ne doivent manifester les mêmes phénomènes que d'une façon atténuée.

Ces propriétés constatées pour un groupe déterminé de minerai ont donné l'idée depuis 1912 à Monsieur Schlumberger d'effectuer une série de recherches sur la répartition à l'intérieur du sol du courant électrique qui s'écoule entre deux prises de terre, dans le but d'étudier la constitution géologique des terrains et éventuellement d'y déceler la présence des minerais bons conducteurs de l'électricité.

La Méthode de Mr Schlumberger exposée par lui, dans une communication faite à l'Académie des Sciences le 1er Mars 1920, base donc la prospection électrique du sous-sol sur la répartition du courant, dont l'étude se fait par l'établissement d'une carte donnant la valeur du potentiel électrique en chaque point de la surface du sol. Lorsque le terrain est homogène et plan, le potentiel se calcule par l'application de formules théoriques dérivant de la loi d'Ohm, de sorte qu'il est facile de tracer à priori la carte des potentiels. Si par contre le sol contient des hétérogénéités diverses, telles que des roches de conductibilités différentes, celles-ci affectent la répartition des filets de courant et entraînent des perturbations qui se répercutent sur la distribution des potentiels à la surface. L'examen de la carte établie sur un sol hétérogène permet donc de déterminer, dans une certaine mesure, la disposition des roches ou des minerais en profondeur. Quand des puits ou des galeries permettent les observations souterraines, il y a évidemment intérêt à compléter les renseignements recueillis au jour par des mesures de potentiel faites à l'intérieur du sol.

La technique adoptée repose sur l'emploi du courant continu. Celui-ci évite les sources d'erreur que donne le courant alternatif et qui proviennent de l'induction. La génératrice est un groupe électrogène débitant quelques ampères sous une tension de 100 à 200 volts. Les deux prises de terre qui terminent la ligne de distribution du courant sont disposées à une distance variant de quelques centaines à quelques milliers de mètres, suivant la nature du problème envisagé. La répartition des potentiels à la surface du sol et éventuellement dans les travaux souterrains est étudiée au moyen d'une courte ligne volante, qui contient un galvanomètre portatif sensible et un petit potentiomètre, et qui touche le sol à ses deux extrémités par deux électrodes impolarisables. Ces électrodes sont constituées par une tige de cuivre trempant dans une solution de sulfate de cuivre, elle-même contenue dans un vase poreux qui seul est en contact avec le sol. Les électrodes spéciales sont nécessaires pour éliminer les erreurs que produirait la polarisation, si l'on touchait directement le sol humide avec des tiges métalliques.

La méthode a été appliquée dans le Calvados à l'étude du Silurien recouvert par du calcaire jurassique, en deux points (Fierville-la-Campagne et Soumont) où la stratigraphie souterraine avait déjà été bien reconnue par de nombreux sondages. Les assises siluriennes sont fortement inclinées; les couches jurassiques sont horizontales, avec une épaisseur variant de 40 à

20 mètres. Malgré l'importance de ce recouvrement qui estompe l'action des terrains profonds, les cartes des potentiels ont permis de déterminer :

1° la direction horizontale de la stratification du Silurien;

2° l'emplacement du contact des grès armoricains et des schistes à Calymènes qui constitue un horizon géologique bien défini voisin des couches de minerai de fer;

3° le passage d'une faille et l'amplitude de son rejet horizontal.

Ces diverses déterminations se sont trouvées en accord avec les résultats fournis par les sondages, on ont été vérifiées par des travaux souterrains ultérieurs.

Ces recherches ont embrassé une étendue dépassant 10 kilomètres carrés. Les deux prises de terre ont été parfois placées à plusieurs kilomètres de distance, notamment pour le tracé de grandes courbes équipotentielles (3 kilomètres de développement) qui ont pu être jalonnées sur le terrain par des cheminements successifs, sans que l'erreur de fermeture dépassât quelques mètres.

Les mêmes principes ont été utilisés pour l'étude des amas pyriteux. A Bor, en Serbie, où le minerai cuprifère est constitué par de la covelline mélangée de pyrite avec gangue silicense, on a pu tracer avec une certaine précision le contour apparent du gisement qui en projection horizontale a la forme d'une lentille elliptique peu aplatie, incluse dans une large veine d'andésite.

Méthode Alkins pour la recherche des gisements de pétrole. — Cette méthode basée sur les mêmes considérations a été essayée avec succès, dans le gisement peu profond de Corsicana (Texas). On forme le circuit électrique en mettant à la terre le pôle négatif d'une batterie, au fond d'un puits à sec, ou au fond d'une vallée. Le pôle positif est également relié à la terre en différents points, en rayonnant autour du pôle négatif. Les hydrocarbures étant isolants, le courant souterrain ne peut traverser les terrains imprégnés, il en fait le tour, ce qui augmente la résistance totale du circuit. Un galvanomètre très sensible mesure cette résistance.

C _ Reconnaissance des gîtes.

Le gîte une fois reconnu comme ayant une existence certaine, il faut l'étudier pour le délimiter aussi exactement que possible. On peut employer pour cela deux méthodes. La première consiste à recouper le gîte en un point, c'est-à-dire à l'atteindre au moyen de puits ou galeries, puis à le suivre au moyen de galeries creusées au milieu même de son étendue. La deuxième méthode consiste à le recouper en plusieurs points au moyen de plusieurs sondages, qui permettent de se rendre compte de son allure sans y pénétrer effectivement.

§ 191 _ Travaux par galeries et puits.
Il s'agit de recouper le gîte et d'y pénétrer

Recoupement du gîte. Si l'on ne connaît pas l'affleurement du gîte bien qu'on ait des raisons de croire à son existence; ou si les affleurements connus ne permettent pas d'orienter des galeries de recherches, à partir du sol, il faudra trouver le gisement à l'intérieur du sol. Ce recoupement se fera de façon différente suivant qu'on sera en région de plaine ou de montagne.

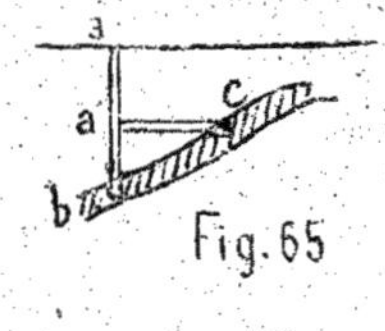

Fig. 65

1° Recoupement par puits en terrain plat : on creusera un puits dont les dimensions peuvent ne pas être bien grandes pour diminuer les frais et aller plus vite; ce puits sera approfondi jusqu'à ce qu'on rencontre le gîte; ou bien si la profondeur devenait trop grande on pourrait atteindre le gisement par une galerie transversale située à la base du puits (fig. 65), on arrivera donc au gîte en b ou en c. Quand on n'a pas d'indications précises sur l'existence du gîte, on poussera des galeries telles que a c, à diverses hauteurs et dans différentes directions pour essayer de recouper la couche.

2° *Recoupement par travers bancs à flanc de coteau:* On pénétrera dans la montagne horizontalement par la galerie a b (fig. 66), en réalité cette galerie en travers-bancs est poussée avec une légère inclinaison, de façon à faciliter l'écoulement des eaux vers le point a, quand les terrains traversés sont aquifères.

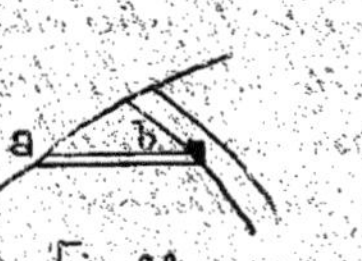

Fig. 66

Pénétration dans le gîte. La pénétration dans le gîte, suivant les cas fera suite au recoupement de ce gîte, ou bien sera exécutée dès le début sans travaux de recoupement préalables.

1° *Par descenderie* quand le gîte affleure. On fait une galerie inclinée a b dirigée suivant la pente du gisement, à partir du sol (fig. 67) Cette galerie est un véritable plan incliné, comme ceux dont nous parlerons plus loin et qui sont employés dans les travaux d'exploitation pour relier les différents niveaux de roulage, on l'appelle descenderie ou encore fendue. A partir de cette galerie à différents niveaux 1, 2, 3 etc..., on tracera des galeries horizontales dans le gisement, qu'on appelle galeries en direction ou de niveau.

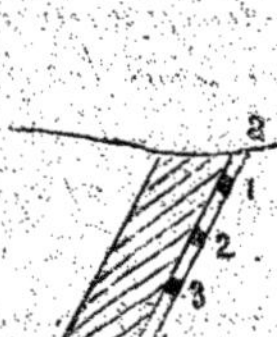

Fig. 67

2° *Par galerie en direction* quand le gîte n'affleure pas et que le recoupement a été fait par puits approfondi jusqu'à la rencontre du gîte, on continue par un travers bancs horizontal (voir fig. 65). A partir donc du point où on est arrivé au gisement, on pousse à droite et à gauche une galerie de niveau, sur laquelle on amorce des plans inclinés pour monter et descendre dans le gîte, et pouvoir ainsi creuser d'autres galeries en direction à des niveaux supérieurs ou inférieurs au niveau d'entrée. Il faudra avoir soin de prévoir des rampes d'écoulement pour les eaux et d'évacuation pour les déblais.

En un mot on explore le gisement dans le plus grand nombre de points possible par le creusement de galeries appropriées. On procédera à des prises d'essais de minerai dans tous les points intéressants (fond de galerie, fond de puits). On cherchera à se rendre compte le plus exactement qu'on pourra de l'allure, de la régularité et de la teneur du gîte. Il ne faut pas craindre de pousser ce travail le plus qu'on pourra, car les dépenses qui en résulteront ne seront pas de l'argent gaspillé en vain puisque cela permettra de conclure à l'opportunité de l'exploitation; on évitera ainsi de s'engager dans des frais considérables s'il est démontré que l'extraction ne peut être rémunératrice; par contre si les résultats obtenus sont satisfaisants, on récupèrera l'argent engagé dans les travaux de recherches, car ces travaux seront utilisés pour la mise en valeur définitive du gisement.

C'est pourquoi il faut veiller à ce que les diverses galeries, que l'on est appelé à creuser, se conservent en bon état pendant un certain temps en les protégeant par un boisage, s'il y a lieu.

La méthode des travaux de recherche par puits et galeries a l'avantage de permettre l'exploration des terrains encaissants et de faciliter la découverte d'autres gisements exploitables situés dans le voisinage.

§ 192 — Travaux par sondage.

Souvent pour éviter les frais de creusement d'un puits et pour aller plus vite, on procède par sondage; on emploie également le sondage pour rechercher certaines substances liquides, comme le pétrole, dont l'exploitation utilise le trou de sonde qui a servi aux recherches.

Le principe du sondage consiste à pratiquer à travers

l'écorce terrestre un trou de faible diamètre afin d'opérer rapidement une coupe géologique des terrains et de reconnaître ainsi la substance minérale intéressante à des profondeurs souvent considérables.

Mais le sondage a l'inconvénient de donner des indications moins sûres en ce qui concerne la direction, le pendage et la constitution du gîte. Il peut même prêter à des erreurs auxquelles il est difficile de remédier. Par exemple le trou de sonde peut rencontrer un accident géologique, comme une faille qui fait disparaître le gîte de l'axe du sondage (fig. 68) on en conclurait à la non existence du gîte ce qui serait faux. Un sondage effectué dans de pareilles conditions pour trouver une nappe pétrolifère serait du travail perdu. On peut, il est vrai, en conservant soigneusement les échantillons des terrains traversés par le sondage et en étudiant la nature et l'ordre de succession des strates rencontrées avoir une idée sur les mouvements qui ont pu déplacer le gîte et en déduire le sens et l'importance du déplacement.

Si les matières recherchées sont en couches minces, il peut se faire qu'on les traverse sans s'en apercevoir.

Ces imprécisions dans les indications d'un sondage résultent du fait que le sondage ne peut s'écarter de la verticale, de par la façon même dont il est exécuté, alors qu'avec un puits de dimensions beaucoup plus grandes, on se rend compte nettement de l'existence d'une faille et on peut pousser des galeries transversales pour retrouver le gisement déplacé dans un sens que l'on connaît de suite à l'inspection des parois du puits.

Enfin le sondage, employé comme moyen de délimitation d'un gîte, doit être répété un grand nombre de fois ce qui pourra entraîner à des frais aussi élevés que ceux résultant du creusement d'un puits et de galeries, et même bien supérieurs dans le cas de sondages à grande profondeur.

Fig. 68

D — Appréciation de la valeur d'un gisement

§ 193 — Cubage.

La délimitation exacte du gisement doit se terminer par l'appréciation du volume des matières en dépôt, ou cubage. Elle résulte des sondages, puits ou galeries effectués pour les travaux de recherche qui ont dû être poussés assez loin pour fournir toutes indications utiles sur l'étendue de la formation minérale à exploiter. Par les échantillons nombreux qui ont été prélevés dans tous les endroits intéressants de l'exploitation on connaît la teneur en matière utile et l'on peut donc estimer la richesse du gîte, c'est-à-dire le tonnage approximatif de matière utile que l'on pourra en extraire. Ce tonnage ayant une certaine valeur marchande, il faudra savoir si cette valeur sera supérieure aux frais résultant de l'extraction de la dite matière. De sorte que l'on peut dire :

L'exploitabilité d'un gisement est possible lorsque sa valeur est plus grande que les dépenses occasionnées par son exploitation.

C'est là la question que tout prospecteur doit vérifier après la découverte d'un gîte avant de conclure à sa mise en valeur. Il devra pour cela se baser sur un certain nombre de considérations que nous allons énumérer brièvement.

§ 194 — Situation géographique.

L'exploitabilité d'un gisement dépend souvent de sa situation géographique. Le rapport de l'ingénieur chargé de la prospection devra donc indiquer les centres industriels ou les agglomérations les plus importantes qui se trouvent dans la région explorée, on y mentionnera les moyens d'y accéder par chemin de fer, par voie d'eau ou par les routes, en notant les distances comparatives et le prix de revient des divers modes de transport existant ou à établir.

Si l'on se trouve au bord de la mer, il pourra y avoir intérêt à relier la mine au rivage par une route ou une voie ferrée ou à construire une estacade pour faciliter l'embarquement des minerais, surtout s'il s'agit d'une exploitation devant porter sur un tonnage considérable et exigeant des moyens de transport puissants.

La facilité des communications permet d'installer les machines à peu de frais et parfois on se trouve obligé d'abandonner des gîtes intéressants, parce que l'on est dans l'impossibilité d'amener à pied d'œuvre le matériel d'exploitation nécessaire.

La difficulté des communications est d'ailleurs un obstacle à l'approvisionnement des travailleurs que l'on devra payer en conséquence et que l'on recrutera avec peine s'il s'agit d'un pays dénué de ressources.

§ 195 — Hydrologie

Une question importante est celle du régime hydrologique de la contrée. Pour certaines exploitations, il est indispensable de disposer soit d'un cours d'eau, soit de sources abondantes. Si l'on a besoin d'une force motrice considérable, il peut être intéressant de créer des déversoirs pour l'établissement de moulins ou de turbines destinés à servir de moteurs. On pourra ainsi actionner des dynamos, permettant de transporter sur le carreau de la mine l'énergie électrique nécessaire à la commande de ventilateurs, de broyeurs, voire même de machines d'extraction, ainsi qu'à l'éclairage des chantiers.

Il faudra donc étudier avec soin le régime des cours d'eau avoisinants, se faire renseigner sur l'importance de leurs crues, qui peuvent être nuisibles aux travaux de la mine, ainsi que sur leurs périodes de sécheresse, qui peuvent arrêter, par manque d'eau, les sources de force motrice.

§ 196 — Main d'œuvre.

La question du recrutement du personnel est également primordiale. Dans certains pays il existe une population, habituée de longue date aux travaux miniers qui fournira une main d'œuvre abondante et entendue.

Dans d'autres régions, au contraire, le caractère essentiellement agricole de la population rendra impossible le recrutement sur place et on sera obligé de faire venir à grands frais le personnel dont on aura besoin.

Si le pays est malsain, ce personnel sera très exigeant et on devra s'attendre, surtout dans les premiers temps de l'exploitation, à le voir diminuer, par suite de la mortalité et des rapatriements.

Il faudra se rendre compte des conditions d'hygiène du pays et s'enquérir des maladies endémiques et des épidémies, si fréquentes dans les pays intertropicaux.

L'extrême chaleur et des froids rigoureux, ainsi que les saisons pluvieuses prolongées, ralentissent ou arrêtent pendant une partie importante de l'année, les travaux de mine et les transports; on doit donc en tenir le plus grand compte dans l'établissement d'un projet d'exploitation.

§ 197 — Matériel.

Il est nécessaire, dans une entreprise minière, de pouvoir disposer de bois en planches, en poutres et en poteaux soit pour les soutènements dans les galeries, soit pour la construction de hangars ou d'habitations ouvrières, permanentes ou temporaires. On étudiera donc l'importance des forêts et surtout la nature des essences et les dimensions des arbres qui les composent.

Il sera utile aussi de connaître les centres industriels qui ont fourni le matériel des installations voisines, s'il y en a; de s'enquérir des droits de douane, des prix du fret du moyen de déchargement dans les ports et en général de tous les éléments nécessaires pour calculer, le plus exactement possible, le prix de revient des machines et des matériaux de construction, rendus à pied d'œuvre.

On pourra avoir besoin de ces renseignements pour

établir des constructions métalliques, ou pour installer
l'extraction ou la préparation des minerais.

§. 198 — Considérations économiques.

Aucun détail ne doit être omis, et il sera très important
de connaître le prix de la main d'œuvre, ses variations
possibles et leurs causes; les besoins du pays, le
développement de son industrie, ses importations et ses
exportations, sa législation minière, son organisation
politique et administrative, et enfin l'accueil qu'y reçoivent
les chefs d'industrie et les ouvriers étrangers.

En un mot l'ingénieur prospecteur devra s'attacher,
pour l'étude d'un gisement, non seulement à des
considérations géologiques, mais encore à toutes les indications
économiques susceptibles de le renseigner complètement
sur le prix de revient et sur le prix de vente probables
du minerai ou de la roche à exploiter.

Chapitre XI _ Essais des substances minérales.

Sommaire :

A_ Prise d'essai : Principe _ Mode opératoire

B Analyse qualitative : Essai minéralogique (examens macroscopique, microscopique) Essai par voie sèche (chalumeau, creuset) Essai par voie humide (mise en solution, recherche des métalloïdes et des métaux)

C Analyse quantitative : Attaque du minerai (Broyage, Attaque par voie sèche ou humide) Procédés gravimétriques (lavage du précipité. Dessication _ Calcination. Pesée) Procédés électrolytiques _ Procédés densimétriques (gaz ou liquides purs. Mélanges binaires liquides) Procédés colorimétriques (Dilution _ Variation d'épaisseur) Procédés volumétriques.

D Propriétés des houilles : Caractères physiques (Couleur. Cassure. Dureté. Densité. Aspect de la flamme. Transparence aux rayons X) Composition (Carbone, Hydrogène _ Oxygène. Azote. Soufre. Phosphore. Cendre. Humidité) Combustion (Pouvoir calorique et agglomérant) Distillation pyrogénée _ Classification des houilles (sèches à longue flamme, grasses à longue flamme, grasses proprement dites, grasses à courte flamme, maigres anthraciteuses, anthracites)

E Analyse des houilles : Principe Analyse immédiate (Dessication. Carbonisation. Incinération) Détermination du pouvoir calorifique (Bombe calorimétrique. Formules empiriques) Dosage du soufre et du phosphore _ Analyse complète des cendres.

Nous avons vu au dernier paragraphe du chapitre précédent que pour apprécier la valeur d'un gisement, il fallait prélever de nombreux échantillons de la substance minérale utile. De plus il faut identifier avec certitude cette substance minérale et connaître sa composition et la quantité de matière exploitable qu'elle renferme.

C'est pourquoi nous étudierons ici la manière dont on doit opérer la prise d'essai, l'analyse qualitative et l'analyse quantitative en nous étendant un peu sur les charbons.

A — Prise d'essai.

§ 199 — Principe.

On devra apporter le plus grand soin dans le choix du points où l'on prélèvera les échantillons et faire tous ses efforts pour arriver à une moyenne exacte par des attaques multiples.

Il faut se prémunir contre les différences de compacité des diverses roches, surtout quand on prélève des échantillons au moyen de coups de mine : la portion du gîte abattue par un explosif contiendra souvent plus de matières utiles que n'en contient le gisement en moyenne, parce que les sulfures et les chlorures minéraux, par exemple, sont en général plus tendres et plus portés à s'effriter et à tomber que les roches encaissantes.

On devra donc, dans ce cas surtout, multiplier les prises d'essai et faire broyer une quantité importante de minerai, sur laquelle on prélèvera les échantillons définitifs.

La règle générale à adopter pour une prise d'essai est la suivante : —

Diriger la prise d'essai de telle sorte qu'elle représente la moyenne de l'ensemble aussi exactement que possible.

On combine pour cela les prélèvements et les broyages d'une façon judicieuse en opérant suivant l'un des modes que nous allons indiquer.

§ 200 — Mode opératoire.

Pour effectuer une prise d'essai méthodique, on peut opérer de diverses façons :

1° On fait avec le minerai un tas circulaire de 1 mètre

de haut et de 8 à 10 mètres de diamètre, puis on pratique une tranchée suivant un diamètre. On pulvérise les matières qu'on en retire et on fait un nouveau tas sur lequel on recommence la même opération et ainsi de suite, jusqu'à ce qu'on n'ait plus que 2 à 3 mètres de matières, présentant bien la composition moyenne. (fig. 69)

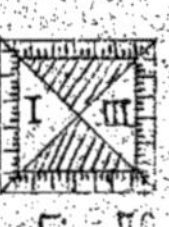
Fig. 69

2° On peut opérer ainsi sur des tas carrés. On sépare le carré en quatre portions en traçant ses deux diagonales et l'on conserve deux morceaux opposés tels que I et III (fig. 70). La substance est de nouveau étalée en carré après avoir été broyée et bien mélangée et l'on en prélève encore la moitié par la méthode des diagonales, et ainsi de suite jusqu'à ce qu'on ait réduit au volume nécessaire à l'échantillon définitif.

Fig. 70

3° On peut ainsi, sur un tas rectangulaire ou carré faire des prises en damier, c'est-à-dire, par exemple, si la substance est étalée suivant un tas rectangulaire de 1m de haut, 3 à 4 mètres de large et 8 à 10 mètres de long, qu'on dessinera un damier et on enlèvera le minerai compris dans un certain nombre de cases systématiquement choisies (fig. 71) qui pourront être la moitié du nombre total ou moins. Sur le minerai ainsi prélevé, on fait de nouvelles prises de la même manière, jusqu'à ce qu'il ne reste plus que la quantité désirée.

Fig. 71

4° On cherche quelquefois à faire des prises d'essai mécaniques. La méthode a été employée aux États-Unis pour les métaux précieux. Le minerai versé dans une trémie tombe sur la pointe d'un cône; au moyen d'une glissière ou d'un secteur évidé on isole ce qui tombe sur un dixième de la circonférence.

B — Analyse qualitative.

L'analyse qualitative a pour but la détermination de la nature de la substance minérale.

Les caractères que l'on peut employer pour reconnaître qualitativement les corps composants une substance donnée sont de deux sortes: physiques et chimiques. L'analyse minéralogique est basée sur les premiers, l'analyse chimique par voie sèche ou humide utilise les seconds.

§ 201 — Essai minéralogique.

L'examen minéralogique se base sur les caractères suivants: couleur; dureté, odeur, densité, forme cristalline ou amorphe; en s'aidant de la loupe et au besoin du microscope. Dans bien des cas, l'examen minéralogique renseigne suffisamment sur la nature des éléments pour pouvoir aborder immédiatement l'analyse quantitative.

Examen macroscopique. — On fait d'abord un examen à l'œil ou à la loupe. La conduite de cet examen relève de la minéralogie. Nous ne nous y étendrons donc pas. Nous rappellerons seulement qu'il faut examiner des cassures fraîches, et ne pas utiliser les fissures préexistant dans la roche, dont les parois ont déjà subi une altération à l'air. On essaie de séparer les minéraux constituants de la roche. Cela est possible si les minéraux sont de grande taille. Sinon, on réduira en poudre fine et on fera la séparation par lévigation et décantation dans des liquides de grande densité, ou au moyen de la batée, ou encore on tentera la séparation magnétique.

Examen microscopique. — Cet examen, du domaine de la pétrographie se fait au moyen du microscope polariseur sur des plaques minces de la roche à étudier. On étudie les phénomènes de polarisation chromatique et rotatoire dûs à la biréfringence des substances cristallines; on observe également la forme cristalline et les produits d'altération des cristaux.

§ 202 — Essai par voie sèche.

L'analyse chimique par voie sèche est basée sur l'action de la chaleur seule ou combinée avec des réactifs oxydants ou réducteurs; elle est plutôt calquée sur les procédés métallurgiques que sur les méthodes chimiques proprement dites. Nous ne parlerons ici que de l'essai au chalumeau et de l'essai au creuset.

Essai au chalumeau. — Cet essai consiste à chauffer le corps à étudier dans une flamme oxydante, réductrice ou neutre, à des températures plus ou moins élevées, au besoin sur le charbon pour aider l'action réductrice ou en présence de fondants (carbonates ou borates alcalins) capables de réagir sur les oxydes métalliques.

Le matériel nécessaire est très simple et peut facilement être emporté sur le terrain. On se sert d'un chalumeau et de la flamme d'une bougie, d'une lampe à huile, de petits tubes de verre ouverts ou fermés, de fils et de petites pinces à bouts de platine et d'un petit nombre de réactifs tels que carbonate de soude, oxalate de potasse, nitrate de cobalt et borax.

Nous donnerons ici le résumé des diverses opérations de l'analyse au chalumeau, qui permettra au prospecteur de reconnaître en quelques instants le minerai qu'il aura rencontré.

I — Examen dans le tube fermé.
Gypse : ($CaO\,SO^3 \cdot 2H^2O$) Dégagement d'eau.
Pyrite : (FeS^2) Dégagement de soufre.
Mispickel ($FeAsS$) Sublimé rouge de sulfure d'arsenic, puis sublimé d'arsenic métallique.

Cuivre gris (Sulfures de cuivre, fer et antimoine) Sublimé rouge de sulfure d'antimoine.

Cinabre (HgS) Sublimé de sulfure de mercure. Si on le mélange à la soude, on a du mercure.

II — Examen dans le tube ouvert

II – Examen dans le tube ouvert

Smaltine (cobalt arsenical) Sublimé d'acide arsénieux, puis fumées blanches

Cuivre gris : Sublimé d'oxyde d'antimoine et dégagement d'acide sulfureux

Houille : Distillation d'eau alcaline (ammoniacale) au tourne sol, puis de goudron.

Lignite : Distillation d'eau acide (acétique)

III – Essais sur le charbon sans réactif.

1° – Réduction

Cérusite ($PbCO_3$) Fond et donne du plomb.

2° – Grillage

Chalcosine (Cu_2S) Fond et dégage de l'acide sulfureux

Cuivre gris : Fond, dégage de l'oxyde d'antimoine et de l'acide sulfureux.

IV – Essais sur le charbon avec réactifs.

1° Réduction avec la soude

Pyromorphite (plomb phosphaté) Donne du plomb métallique.

Malachite (carbonate de cuivre) Donne du cuivre.

2° Réduction avec soude et oxalate de potasse

Cassitérite (SnO_2) Etain

3° Essai avec le nitrate de cobalt

Giobertite ($CO_3 Mg$) Prend une coloration rose pâle.

Zincenite (hydrocarbonate de zinc) Prend une coloration verte.

Kaolin (silicate d'alumine hydraté) Prend une coloration bleue.

V – Essais avec la pince à bouts de platine.

1° Fusibilité

Mésotype (hydrosilicate d'alumine et de soude) Fond facilement et colore la flamme en jaune

Grenat (silicate d'alumine et de FeO) Fond assez facilement et devient noir et magnétique.

Épidote (silicate d'alumine, de Fe_2O_3 et CaO) Fond assez facilement en une masse noire

Orthose (silicate d'alumine et de potasse) Fond difficilement sur les bords

2° Coloration de la flamme.

Lépidolite (mica lithifère) Flamme rouge.
Withérite (baryte carbonatée) Flamme vert pâle.
Strontianite (strontiane carbonatée) Flamme rouge

VI _ Essais sur le fil de platine avec borax.
Acerdèse (hydrate de manganèse) Perle rouge améthyste,
incolore à la réduction
Malachite : Perle bleue, rouge au feu réducteur
Oligiste : Perle jaune, vert bouteille au feu réducteur.
Smaltine : Après grillage, le globule donne successivement
les réactions du fer (jaune) du cobalt (bleu) du nickel (brun)

Essai au creuset — L'essai au creuset s'effectue sur
de nombreux minerais métalliques et sur les charbons.
Pour les minerais sulfurés ou oxydés de plomb, cuivre,
zinc, antimoine, argent, or, étain le principe consiste à fon-
dre au rouge vif le minerai avec des fondants convenables et un
réducteur (en cas de minerai oxydé) On obtient un culot de
métal surmonté d'une scorie où passent les gangues et les métaux de la famille du fer sous forme de silicates métalliques très
fusibles. On opère dans un creuset en terre avec addition de fer
pour éviter l'entraînement du métal dans la scorie, ou dans
un creuset en fer dont les parois servent de réactif. S'il y a
des métaux précieux (argent ou or) ils se concentrent dans
le culot de plomb provenant du minerai ou de la litharge
ajoutée (dans le cas de minerai non plombeux); ce culot est
alors soumis à la coupellation, c'est-à-dire à une fusion
dans une coupelle poreuse en poudre d'os, effectuée dans un four
à moufles; le bain de plomb s'oxyde et cet oxyde est absorbé
par la coupelle, tandis que l'argent ou l'or inoxydable reste
isolé sous forme d'un globule au centre de la coupelle.
Pour les charbons on fait un essai par combustion à
l'air libre dans une capsule en observant comment brûle le
charbon (flamme brillante ou fuligineuse), s'il se brise ou se
boursoufle, quel est l'aspect du coke (pulvérulent, aggloméré,
boursouflé) et quelle est la couleur des cendres.

§ 203 — Essai par voie humide.

Les recherches qualitatives par voie humide ont pour but de produire au moyen de réactifs liquides dans un mélange de corps amenés à l'état de solution homogène, une différence d'états physiques permettant la séparation de l'un des éléments sous forme d'un précipité ou d'un gaz dont les propriétés suffisent à caractériser l'élément.

Elles comprennent les opérations suivantes : mise en solution, recherche des métalloïdes, recherche des métaux.

Mise en solution. — On essaie successivement plusieurs dissolvants sur le corps réduit en poudre fine, à froid, puis à chaud, en laissant agir plus ou moins longtemps. On emploiera dans l'ordre : l'eau pure, l'acide chlorhydrique, l'acide azotique, puis l'eau régale. Enfin on traite par voie sèche les résidus qui ont résisté à ces réactifs, pour les mettre à leur tour en solution.

Il est à remarquer que la très grande finesse du grain facilite l'attaque, et un corps qui paraissait inattaquable, le devient une fois pulvérisé au mortier d'agate et passé au tamis de soie.

On arrive en définitive à une solution aqueuse ou légèrement acide sur laquelle on opère les recherches.

Recherche des métalloïdes — Il n'existe aucune méthode systématique permettant, par élimination successive, d'arriver à reconnaître par un petit nombre d'opérations tous les métalloïdes ou acides contenus dans une matière minérale donnée.

La seule façon pratique et sûre d'opérer consiste à prendre la liste des acides, et à rechercher successivement chacun d'eux, en essayant celles de leurs réactions caractéristiques que ne masquent pas les acides énergiques, ou que provoquent ceux-ci, et en commençant par les essais les plus simples.

Recherche des métaux — La recherche s'opère sur une liqueur légèrement chlorhydrique et se fait par l'emploi d'un petit nombre de réactifs. La méthode de Carnot (Traité d'analyse des substances minérales. Tome I) permet de classer tous les métaux en 7 groupes au moyen des quatre réactifs suivants:

acide sulfhydrique, sulfure d'ammonium, oxalate et carbonate d'ammoniaque.

Cette méthode est d'une application tout à fait générale pour les minéraux et les produits métallurgiques.

La séparation des métaux dans chacun de ces groupes se fait au moyen de réactifs appropriés.

Remarque. — Dans toutes les recherches qualitatives il importe d'employer toujours des réactifs très purs pour ne pas introduire des corps additionnels pouvant masquer les réactions caractéristiques.

C — Analyse quantitative

Le but de l'analyse quantitative est la recherche des proportions relatives de chacun des corps composants, c'est à-dire la composition centésimale du minerai étudié.

Nous allons dire quelques mots sur la façon dont l'attaque du minerai doit être conduite et sur les diverses méthodes de la Chimie analytique, procédés gravimétriques, électrolytiques, densimétriques, colorimétriques, volumétriques.

Nous renverrons pour plus de détails aux traités spéciaux dont le sujet ne rentre pas dans le domaine de ce cours.

§ 204 Attaque du minerai

L'attaque du minerai doit se faire sur un échantillon moyen obtenu par broyage que l'on traite par voie sèche ou humide.

Broyage — On a en général un échantillon de quelques kilogrammes prélevé ainsi que nous l'avons indiqué au début de ce chapitre.

Cette prise d'essai est étendue sur une table après broyage à la main avec un marteau, ou mieux avec un broyeur mécanique. On fait des prélèvements par l'un des procédés déjà mentionnés (diagonale, damier, tranche) et l'on réduit à quelques centaines de grammes.

On pulvérise alors le tout finement dans un mortier (porcelaine, fer ou agate suivant la dureté) mélange les différentes portions si la pulvérisation a dû être faite en plusieurs fois et prélève le poids nécessaire pour l'analyse. Si l'on doit tamiser la matière pulvérisée pour l'amener à un degré de finesse déterminé, il faut faire passer à travers le tamis la totalité de l'échantillon broyé, sans quoi on risquerait de laisser sur le tamis la matière intéressante du minerai (paillettes d'or et d'argent natifs, par exemple.)

Si la matière est très dure, on la met dans un linge propre ou dans un papier, et on le fragmente à coups de marteau, sur une enclume, en petits morceaux qu'on peut ensuite broyer au mortier.

Si le minerai pulvérisé est formé de grains très inégaux par suite de la différence de dureté de la gangue et du minerai, il est bon de séparer le gros du fin par tamisage, peser chaque catégorie, les analyser séparément et faire la moyenne arithmétique.

Attaque par voie sèche — Les attaques par voie sèche se font dans des capsules ou creusets en porcelaine, platine, argent, nickel ou fer suivant les cas. Il faut se préoccuper du choix du récipient le plus convenable à chaque mode d'attaque, car il importe avant tout que les réactifs employés soient sans action sur les parois du récipient, sans quoi les éléments de celui-ci viennent s'ajouter à ceux du minerai et fausser les résultats de l'analyse.

Les réactifs utilisés sont le carbonate de soude, l'hydro

gène à l'état de courant gazeux, ou le bisulfate de potasse suivant que le minerai est peu, moyennement ou très stable. On
emploie aussi la simple calcination ou la fusion avec des agents
oxydants.

Attaqué par voie humide — Pour les attaques par voie
humide les opérations s'effectuent dans des récipients en verre
ou dans des capsules de platine ou de porcelaine, suivant les
matières employées afin d'éviter la participation du récipient
à la réaction.

La dissolution se fait dans les acides ou les solutions
alcalines, à froid ou à chaud comme pour l'analyse qualitative

La matière à analyser ayant été mise en solution et
tous ses éléments reconnus qualitativement, on passe alors au
dosage des éléments par l'un des procédés généraux d'analyse
quantitative employés en chimie.

§ 205 — Procédés gravimétriques

Le but des procédés gravimétriques ou pondéraux est
d'obtenir le poids exact d'un précipité à composition définie.
Les opérations successives que l'on a toujours à faire dans
les méthodes pondérales sont:

lavage du précipité, — dessiccation, — calcination éven-
tuelle, — pesée.

Lavage du précipité. — Il se fait par décantation
ou par filtration et souvent par les deux procédés.

La décantation s'opère par inclinaison du vase ou si
l'on doit aller très lentement par siphonnage du liquide
surmontant le précipité.

La filtration s'effectue avec le papier comme corps fil-
trant et quelquefois avec l'amiante ou le coton de verre.

Dessiccation du précipité — Elle se fait généralement
dans une étuve à air chaud, chauffée au gaz et réglée à la température de 100 à 120° de façon à expulser totalement l'humidité

La température de l'étuve est maintenue constante par un régulateur qui agit sur le débit du gaz.

Au sortir de l'étuve le filtre supportant le précipité est placé dans un vase à dessécher ou exsiccateur dans lequel il se refroidit en atmosphère sèche.

Calcination — Beaucoup de précipités n'ont une composition constante que lorsqu'ils ont été chauffés au rouge: tels sont les hydrates de Fe^2O^3, Al^2O^3, SiO^2 précipités à l'état gélatineux. On sépare donc autant qu'on le peut le précipité qui adhère au filtre. Celui-ci est incinéré à part; ses cendres sont mélangées au précipité dans une capsule que l'on porte au rouge sur un brûleur à gaz ou dans un four à moufle.

Après calcination suffisamment prolongée la capsule est placée pour refroidissement dans l'exsiccateur avant d'être pesée.

Pesée — Comme on opère dans les analyses minérales sur des poids très faibles de matière (1 à 2 grammes) pour rendre la purification des précipités plus rapide et plus complète il est nécessaire d'avoir des balances très précises pour déterminer le poids des corps obtenus. On emploie différents modes de pesée:

1º Pour les opérations ne nécessitant pas une grande précision, on suppose la balance sensible et exacte (égalité en poids et longueur des bras du fléau, égalité des poids des plateaux, mise en ligne droite des points de suspension), on opère alors par simple pesée; consistant à mettre le corps dans un plateau et à lui faire équilibre par des poids dans l'autre.

2º Pour une opération précise, la balance n'étant jamais rigoureusement exacte, on opère par double pesée: cette méthode consiste à placer la substance sur un des plateaux et à lui faire équilibre avec une tare dans l'autre, on ôte ensuite la substance et on lui substitue des poids marqués jusqu'au rétablissement de l'équilibre.

3º La double pesée exige deux opérations complètes d'établis cement d'équilibre, et est par suite fort longue. Aussi toutes les fois qu'on a plusieurs pesées successives à faire, on opère par pesée à charge constante : C'est une double pesée simplifiée donnant le poids exact avec un seul équilibre. On place sur l'un des plateaux toujours le même un poids marqué supérieur à celui de tous les corps que l'on a à peser (50 grammes par exemple), on lui fait équilibre avec une tare sur l'autre plateau ; ceci fait, pour peser un corps, on le place dans le premier plateau avec des poids marqués en substitution du poids initial (50 grammes) jusqu'à ce que l'équilibre soit atteint avec la tare ; le poids exact du corps sera évidemment la différence entre le poids marqué initial et les poids marqués accompagnant ce corps. On pourra donc faire toute une série de pesées en effectuant un seul équilibre par poids à obtenir, en utilisant toujours le même plateau pour les corps à peser.

De plus la sensibilité de la balance demeure constante dans toutes les opérations, puisque la charge totale du fléau ne varie pas (50 grammes)

§. 206 Procédés électrolytiques.

Le principe de ces procédés est d'effectuer la précipitation des métaux par électrolyse, au lieu d'opérer par réaction chimique comme dans les méthodes précédentes. L'électrolyse offre ainsi un moyen très commode de séparer le métal sous la forme même d'élément isolé qu'on n'a plus qu'à peser. Mais cet avantage serait illusoire s'il fallait filtrer le précipité métallique du liquide dans lequel il s'est déposé, car les manipulations inévitables en pareil cas auraient pour effet d'oxyder plus ou moins le métal et de fausser les résultats de la pesée. La condition nécessaire pour appliquer l'électrolyse est de pouvoir précipiter le métal sous forme d'un dépôt de uc et homogène, adhérent bien à l'électrode, de telle sorte que la séparation d'avec le liquide s'effectue d'elle-même en même temps que la précipitation : on n'a plus alors qu'à laver rapidement le dépôt, à sécher quelques minutes à l'étuve, et à peser avant que le métal n'ait subi d'altération appréciable.

On réalise ces conditions par le choix judicieux du composé dans lequel on fait passer le métal pour le soumettre à l'électrolyse, et en réglant l'intensité et la force électromotrice du courant de façon que le dépôt se produise avec la vitesse convenable.

§. 207 _ Procédés densimétriques.

La pesée peut être évitée dans les deux cas suivants :

Gaz ou liquides purs. _ On mesure le volume dans des appareils jaugés, en prenant la température (et la pression s'il s'agit de gaz); Connaissant le coefficient de dilatation et la densité à une température déterminée, on en déduit le poids par les formules connues.

Mélanges binaires liquides. _ Quand on a un mélange homogène de deux liquides on peut encore se passer de pesée et même de séparation en se basant sur une propriété simple du mélange telle que la densité.

On détermine à l'avance la loi que suit cette propriété pour une série de mélanges à compositions connues; on traduit graphiquement cette loi par une courbe, on cherche quel point de la courbe donne le liquide en question en opérant de la même manière et l'on en déduit la composition centésimale.

On fait généralement usage d'aréomètres ou flotteurs plongeant plus ou moins dans les mélanges à étudier, et gradués empiriquement au moyen de mélanges à composition connue.

§. 208 _ Procédés colorimétriques.

Certaines substances donnent en solution dans l'eau des liquides très colorés (permanganate de potasse, sels de cuivre ammoniacaux, etc)

On peut se servir de cette propriété pour apprécier rapidement les teneurs au moyen des méthodes dites colorimétriques basées sur les principes suivants :

Par dilution. — Si l'on prend deux volumes V et v d'une même solution colorée, ayant par conséquent rigoureusement la même teinte quand on observe la lumière qu'ils laissent passer à travers des épaisseurs égales, comme les poids P et p de matières contenues sont forcément proportionnels aux volumes, on a évidemment :

$$\frac{V}{v} = \frac{P}{p}$$

Inversement, si l'on prend des volumes connus de deux solutions d'un même corps ayant des teintes différentes, si l'on ajoute du solvant au plus foncé jusqu'à ce que les teintes, sous épaisseurs égales, soient identiques, au moment où ce résultat sera atteint les volumes V et v seront de même proportionnels aux poids respectifs des corps dissous. Si donc on connaît l'un des poids, p par exemple, on pourra déduire l'autre P par la mesure des volumes au moment où l'égalité de teintes est obtenue, au moyen de l'équation précédente d'où l'on tire :

$$P = p \times \frac{V}{v}$$

Par variation d'épaisseur. — Supposons que le solvant n'ait aucune influence sur la teinte donnée par le corps dissous, c'est-à-dire qu'en ayant deux verres cylindriques de même diamètre contenant des hauteurs égales l de la solution colorée, si on ajoute à l'un d'eux une épaisseur quelconque h de solvant, la teinte transmise à travers les deux colonnes liquides l et L reste la même (fig. 72)

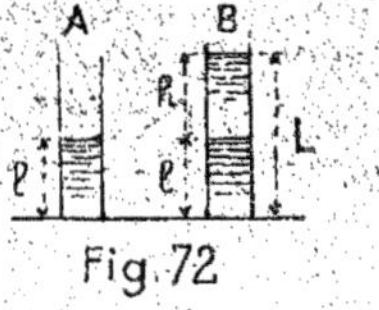

Si l'on appelle p et P les quantités de corps dissous par unité de volume dans chaque éprouvette A et B, on aura évidemment :

$$pl = PL$$

Si donc inversement, on considère deux solutions de teintes différentes, qu'on verse une certaine hauteur arbitraire l de la plus foncée dans l'éprouvette A et qu'on remplisse l'éprouvette B avec la plus claire jusqu'à ce que les teintes soient identiques, la teneur x par unité de volume de la liqueur B sera évidemment

$$x = p \times \frac{1}{L}$$

C'est sur ce second principe que sont basés les appareils dits colorimètres.

§. 209 — Procédés volumétriques.

Au lieu de déterminer par la balance le poids d'un composé défini contenant l'un des éléments à doser, on peut engager cet élément dans une réaction bien déterminée au moyen d'un réactif dont on peut facilement observer la quantité nécessaire pour que la réaction soit complète. Les réactifs employés sont en solution dont le titre est connu d'avance, et la simple lecture sur un vase gradué, du volume de solution nécessaire pour produire la réaction permet, connaissant l'équation de celle-ci, de déduire aisément le poids de l'élément cherché; tel est le principe des méthodes dites volumétriques ou par liqueurs titrées ou encore par titrimétrie.

La première condition que doivent remplir de telles méthodes est que le moment précis où l'on ajoute le plus léger excès de la liqueur titrée, en sus de ce qui est strictement nécessaire pour produire la réaction voulue avec le corps à doser, soit indiqué une grande netteté par un phénomène bien perceptible comme un changement subit de couleur. Il y a à cet égard quatre cas distincts se présentant dans la pratique:

le corps à doser sert d'indicateur

le réactif versé, sert d'indicateur

un corps additionnel ajouté en petite quantité au corps à doser sert d'indicateur

l'indicateur est un corps séparé sur lequel on fait agir une goutte du mélange: corps à doser et réactif

Nous allons maintenant donner quelques détails sur les houilles et les analyses qu'on leur fait subir, puisque ce sont les substances minérales qui donnent lieu aux exploitations minières les plus actives.

D_ Propriétés des houilles.

On désigne sous le nom de houilles des variétés assez diverses de charbons fossiles, de formation plus ancienne et plus complétement transformés que les lignites dont elles se séparent par une proportion de carbone plus forte, et une teneur en oxygène et en eau beaucoup plus faible. Elles ne présentent plus la structure fibreuse. Elles ne contiennent pas (du moins à l'état frais) de matières humiques colorant en brun les lessives alcalines, elles ne donnent pas d'acide acétique à la distillation.

Nous verrons plus loin en détails les classifications que l'on en a donné. Mais nous pouvons dire de suite qu'il y a trois grandes divisions:
les houilles grasses ou charbons à gaz;
les houilles maigres;
les anthracites.

§ 210_ Caractères physiques.
Les caractères physiques intéressants sont les suivants.

Couleur._ La couleur de la houille est noire avec des teintes assez variables: les charbons à gaz ont un aspect mat tirant sur le brun les houilles moyennement grasses ont des reflets noir brillant, tandis que les houilles anthraciteuses présentent une teinte plus ou moins grisâtre.

Cassure._ La cassure varie aussi avec la qualité: conchoïdale pour les houilles très grasses, elle est lamelleuse pour les houilles moyennement grasses ou maigres dans les anthracites les faces sont formées par la réunion d'un grand nombre de petites facettes.

Dureté_ La dureté est beaucoup plus grande chez les anthracites et les charbons maigres que chez les houilles grasses.

Densité _ La densité croît avec la teneur en carbone elle varie de 1,25 pour les charbons à gaz à 1,50 pour les anthracites

Aspect de la flamme _ La flamme produite par les charbons à gaz est longue et fuligineuse. La fumée est moins grande avec les houilles grasses, mais la flamme est toujours très éclairante. Avec les anthracites la flamme devient très courte

Transparence aux rayons X _ La transparence aux rayons X est plus grande pour les morceaux riches en carbone que pour les parties schisteuses. On peut même doser approximativement la teneur en cendres par l'examen radiographique

§ 211 _ Composition

Les corps contenus dans la houille sont : le carbone, l'hydrogène, l'oxygène et l'azote, le soufre, le phosphore et enfin des matières minérales diverses d'où résulte le résidu de cendres fournies par la combustion.

Carbone _ La teneur en carbone oscille de 75 à 95%. Elle est caractéristique de la variété de houille, ainsi que nous le verrons. Elle augmente régulièrement depuis les charbons à gaz jusqu'aux anthracites

On considère souvent dans une houille ce que l'on appelle le carbone fixe, c'est à dire la proportion de coke qui reste lors de la distillation pyrogénée. Cette proportion est toujours inférieure à la teneur centésimale en carbone puisque la distillation donne naissance à des gaz et vapeurs carburées, elle varie d'ailleurs dans une certaine mesure avec les conditions dans lesquelles s'est opérée la distillation.

Gaz hydrogène, oxygène, azote. _ Le rapport entre l'oxygène et l'azote d'une part et l'hydrogène d'autre part qui existent seuls ou combinés dans les gaz dégagés par distillation pyrogénée est également caractéristique. Il varie de 4 pour les charbons à gaz à 0,5 pour les anthracites.

Soufre. — Le soufre existe dans toutes les houilles, à des états variables : soit sous forme de sulfates, principalement de gypse ; soit à l'état de pyrite de fer ; soit enfin combiné sous forme organique, provenant des plantes dont la décomposition a formé la houille. Sa teneur ne doit pas être trop élevée ; à partir de 3 % elle peut faire rejeter le charbon pour les emplois industriels.

Phosphore. — Le phosphore, qui paraît provenir des spores des végétaux paléontologiques varie de quelques dix-millièmes à 0,7 %.

Cendres — Les cendres des houilles proviennent pour la majeure partie des matières argileuses ou schisteuses qui leur sont mélangées, tantôt de façon très irrégulière ou sous forme de couches stratifiées, tantôt disséminées dans toute la masse.

Les principaux éléments des cendres sont : la silice l'alumine, le fer et la chaux auxquels s'adjoignent assez fréquemment la magnésie ou les alcalis ; soude et potasse.

Les meilleures variétés des houilles renferment de 4 à 8 % de cendres, les qualités moyennes de 8 à 12 % ; mais on peut encore utiliser des charbons qui en renferment jusqu'à 30 et 40 % (cas des charbons fournis depuis la guerre)

La fusibilité des cendres est plus importante que leur proportion relative ; les cendres fusibles s'agglomèrent en produisent des mâchefers qui bouchent rapidement les grilles et arrêtent la combustion. Le silicate d'alumine pur ne fond guère que vers 1800°, mais sa fusibilité est augmentée rapidement par la chaux, la magnésie et les alcalis, ainsi que par l'oxyde de fer et s'abaisse ainsi jusqu'à 1300°, 1200° et même 1100°. Si les cendres sont presque exclusivement ferrugineuses le point de fusion se relève. Le fait d'avoir une cendre peu fusible augmente notablement la valeur d'une houille.

Humidité — La houille contrairement au lignite, ne renferme qu'une quantité très faible d'eau de constitution 2 à 3 %.

Exposée à l'air humide ou à la pluie, elle se charge

d'eau hygroscopique et peut en absorber ainsi jusqu'à 10 et 20 %; mais cette eau est facilement abandonnée par égouttage et exposition à l'air.

§ 212 — Combustion.

La combustion d'une houille est caractérisée par la quantité de chaleur qu'elle dégage en brûlant, et par la façon dont elle se comporte au feu.

Pouvoir calorifique. — L'énergie calorifique dégagée par l'oxydation d'un combustible n'est qu'une des manifestations de l'énergie chimique. Cette énergie se mesure par le pouvoir calorifique de la houille considérée, c'est-à-dire par le nombre de calories dégagées par la combustion de 1 kilogramme de houille dans l'air atmosphérique. Il est à remarquer que dans ces conditions, qui sont celles de la pratique, la combustion se fait à pression constante et la vapeur d'eau formée (provenant de l'hydrogène de la houille) est toujours emportée par les fumées sans se condenser. Nous verrons plus loin qu'il faut faire subir des corrections au chiffre obtenu dans la détermination du pouvoir calorifique, la mesure se faisant dans des conditions différentes (volume constant, eau condensée) de celles de l'emploi industriel d'un combustible.

Le pouvoir calorifique des houilles varie avec le poids de matières volatiles et avec la teneur en cendres. Pour une houille supposée pure la valeur croît de 8.200 calories pour un anthracite à 8.800 pour une houille moyennement grasse (25 % de matières volatiles) et décroît ensuite jusqu'à 8.300 pour les houilles très riches en gaz.

Pouvoir agglomérant. — Toutes les variétés de houilles présentent la propriété de se ramollir plus ou moins par une élévation suffisante de température, vers 350 à 400°; mais l'intensité de ce phénomène varie beaucoup suivant la variété considérée. Avec les houilles dites grasses, il se produit une fusion presque complète; c'est là une propriété qui peut être gênante dans certains cas mais qui dans d'autres est extrêmement précieuse. C'est grâce à elle que l'on obtient par distillation un coke compact formé par la soudure des fragments primitifs, de même elle est très importante pour la conduite des feux de forge.

Ce pouvoir agglomérant ou cokéfiant est donc en rapport avec la proportion de constituants fusibles que renferme la houille et dont l'existence a été démontrée par les recherches systématiques de Mr. Boulouard.

§ 213 — Distillation pyrogénée.

La houille, soumise à la distillation pyrogénée ou carbonisation dégage des gaz et des produits volatils. Le dégagement gazeux commence vers 450°, température où se produit aussi le ramollissement. Il est terminé vers 900° pour les charbons gras; et à 1100° pour les anthracites.

À basse température les gaz sont principalement formés de carbures d'hydrogène, surtout l'éthane et d'homologues supérieurs, mais leur dégagement s'arrête vers 700° pour faire place à l'hydrogène.

La composition des produits volatils est d'ailleurs différente suivant que la distillation a été conduite lentement ou que le charbon a été porté brusquement au rouge vif: dans le second cas la proportion des gaz combustibles est notablement plus élevée, tandis que la quantité des goudrons est plus faible.

§ 214 — Classification des houilles

La classification la plus généralement suivie est celle due à Grüner, qui est basée sur la teneur en matières volatiles et sur la manière dont se comportent les houilles à la combustion et représente assez bien en même temps leur formation géologique. Elle divise les houilles en 6 catégories:

1° — Les houilles sèches à longue flamme;
2° — Les houilles grasses à longue flamme,
3° — Les houilles grasses proprement dites,
4° — Les houilles grasses à courte flamme;
5° — Les houilles maigres à courte flamme ou anthraciteuses

6° — Les anthracites.

Le tableau ci-dessous justifie cette classification.

	Composition déduction faite des cendres et de l'eau			$\frac{O+Az}{H}$	Eau	Coke	Nature et aspect du coke.
	C	H	O+Az				
Houille sèche à longue flamme	77,5	5,5	17,0	4 à 3	2,4	55-60	Pulvérulent ou légèrement fritté.
Houille grasse à longue flamme	82,0	5,5	12,5	3 à 2	2,4	60-68	Agglomére, le plus souvent fondu.
Houille grasse proprement dite	86,5	5,0	8,5	2-1	2,4	68-74	Fondu et boursouflé.
Houille grasse à courte flamme	89,5	4,5	6,0	1	2,4	74-82	Fondu et compact.
Houille maigre anthraciteux	92,0	3,0	5,0	1	2,4	82-90	Pulvérulent ou fritté.
Anthracite	94,0	2,0	4,0	1	2,4	90-92	Pulvérulent.

La classification admise par l'Administration française des Mines ne comprend que cinq catégories.

Houille sèche à longue flamme;

Houille grasse à longue flamme;

Houille grasse maréchale;

Houille maigre à courte flamme;

Anthracite.

En Angleterre on n'admet que trois types.

Charbons bitumineux {non collants

ou collants

Charbons à vapeur

Anthracite

En Amérique on classe en trois types également

Bitumineux;

Semi-bitumineux;

Anthracites.

Houilles sèches à longue flamme. — Ce sont les houilles qui se rapprochent le plus des lignites ; elles sont dures, peu friables, mais se délitent assez facilement à l'air ; leur couleur est noire, terne ou d'un brun foncé. Leur cassure est lamelleuse ou conchoïdale. Leur densité est faible. 1,25

Elles s'allument facilement et brûlent avec une longue flamme sans se ramollir sensiblement et sans former de mâchefers. Elles ne peuvent servir à faire du coke, car elles ne fondent ni ne s'agglomèrent à la distillation.

Leur pouvoir calorifique est en moyenne (pour les houilles pures) de 8.000 calories, et leur pouvoir évaporatoire de 6 à 6,25 kilogrammes.

Ces houilles se trouvent principalement en Belgique, où on les désigne sous le nom de flénus secs, en Allemagne dans les couches supérieures des bassins de la Sarre et de la Haute-Silésie, en Angleterre et en Écosse. D'ailleurs toutes passent graduellement aux houilles grasses à longue flamme quand on pénètre plus profondément dans l'épaisseur des couches ; on trouve de ces houilles de transition en France, dans le bassin de l'Allier principalement.

Houilles grasses à longue flamme. — Ces houilles sont franchement noires, à cassure lamelleuse ; elles sont moins dures et plus friables que les houilles sèches, et un peu plus lourdes, densité : 1,30.

Elles s'enflamment facilement et brûlent rapidement en donnant une grande flamme et beaucoup de fumée. Elles fondent au feu et donnent à la distillation un coke bien aggloméré, plus ou moins poreux, en même temps que les gaz dégagés ont un grand pouvoir éclairant, aussi sont elles recherchées pour la fabrication du gaz d'éclairage, bien que leur rendement en matières volatiles soit plus faible que celui des houilles sèches.

Leur pouvoir calorifique est en moyenne de 8500 calories et leur pouvoir évaporatoire de 7 à 7,5 kilogrammes suivant leur teneur en cendres.

Ces houilles se rencontrent en France dans le bassin de

St Étienne et dans le Pas-de-Calais, en Angleterre, à Newcastle; aux États-Unis, en Pensylvanie; on en trouve également en Belgique, à Mons, mais elles se rapprochent alors beaucoup des houilles grasses proprement dites.

Cannel-coal. — On désigne sous ce nom une houille très riche en produits volatils, et donnant à la distillation des gaz très carburés et très éclairants.

On la rencontre principalement dans le Lancashire et en Écosse; on en trouve en France aux mines de Montrambert (Loire) et en Espagne aux mines de Teberga (Asturies). Dans ces mines la couche de cannel-coal de 30 centimètres d'épaisseur est directement superposée à la couche de houille, montrant la similitude d'origine.

La distillation des cannels donne de 280 à 420 mètres cube de gaz par tonne.

Houilles grasses proprement dites. — Ces houilles possèdent une couleur d'un noir brillant; elles sont moins dures et plus friables que les houilles à longue flamme, leur densité est d'environ 1,30.

Elles fondent complètement sous l'action de la chaleur, et sont tout-à-fait propres au travail de la forge, car elles forment au-dessus des pièces chauffées une voûte qui concentre la chaleur et permet d'atteindre une haute température. Aussi les désigne-t-on communément sous le nom de houilles grasses maréchales ou charbons de forge.

Elles peuvent remplacer les houilles grasses à longue flamme pour la préparation du gaz d'éclairage, car si leur rendement est un peu inférieur, le gaz produit est un peu plus éclairant; de plus, leur coke est d'excellente qualité.

Le pouvoir calorifique des variétés pures est en moyenne de 8.800 calories, et le pouvoir évaporatoire de 9 kilogrammes.

On en trouve de nombreux gisements en France, dans le Nord, dans le Pas-de-Calais et dans la Loire; en Belgique dans les bassins de Liège et de Mons; en Allemagne dans le bassin de la Ruhr; en Angleterre dans le bassin de Bristol et dans le Yorkshire.

Houilles grasses à courte flamme. — Elles présentent un éclat moins vif que celles de la variété précédente, elles sont beaucoup plus friables, leur densité est de 1,30 à 1,35.

Elles sont assez difficiles à enflammer, et brûlent avec une flamme courte, peu éclairante, souvent bleue à la base. Elles se ramollissent beaucoup encore à la distillation et donnent un coke compact bien aggloméré, et avec un bon rendement, car leur teneur en matières volatiles est déjà assez faible. Aussi constituent-elles les charbons à coke par excellence, surtout les qualités moyennes à 20-22 % de matières volatiles. Si cette proportion diminue notablement, le coke n'est plus aussi bien aggloméré.

Ces houilles s'oxydent très facilement à l'air, elles perdent alors leur pouvoir agglomérant et ne peuvent plus servir à la fabrication du coke.

Ce sont celles dont le pouvoir calorifique est le plus élevé; il est d'environ 8900 calories. Le pouvoir évaporatoire atteint 9,25 kilogrammes, pour les houilles pures et 8,93 pour les houilles marchandes (d'avant-guerre).

On les trouve dans le Nord de la France à Aniche, Béthune, Nœux, Lens et aussi dans le Centre à Firminy, ainsi qu'à Carmaux; en Belgique, à Charleroi; en Angleterre, à Cardiff; en Allemagne, dans la Sarre, la Westphalie et la Haute-Silésie; en Russie, dans le Donetz; en Amérique et en Australie.

Houilles maigres anthraciteuses — On les divise parfois en deux catégories: les charbons demi-gras et les charbons quart-gras, les premiers tenant de 18 à 14 % de matières volatiles, les seconds de 14 à 10 %.

Ces houilles sont ternes; les charbons quart-gras sont moins friables que les demi-gras. Le poids spécifique est voisin de 1,40.

Elles s'enflamment difficilement et brûlent avec une flamme très courte, sans presque donner de fumée, et sans se ramollir sensiblement; mais elles décrépitent et se brisent en menus morceaux; aussi les emploie-t-on de préférence dans les gazogènes et pour la fabrication des agglomérés.

Leur pouvoir calorifique est de 8.700 calories en moyenne; le pouvoir évaporatoire des houilles à 10% de cendres est d'environ 8 kilogrammes.

Elles sont quelquefois désignées sous le nom d'anthracites, bien que cette qualification revienne à la classe suivante.

On les rencontre en France dans les bassins du Nord et du Pas-de-Calais, en Belgique à Charleroi, en Angleterre, à l'Ouest du Pays de Galles, aux États-Unis, dans la partie Sud du bassin de Pensylvanie.

Anthracites. — Ce sont les houilles les plus anciennes et les plus complètement transformées, chez lesquelles la proportion de carbone est la plus forte.

La couleur des anthracites est noire ou tire souvent sur le gris. Leur cassure est très nette, leur dureté en général assez grande est quelquefois considérable. Il est à remarquer que la friabilité du charbon augmente d'abord suivant la classification de Gruner, puis diminue pour les deux derniers termes. En sorte que ce sont les charbons les plus collants qui sont les moins durs et les plus friables.

D'ailleurs les anthracites s'effritent peu à peu à l'air. Leur densité varie de 1,40 à 1,75 quand ils renferment beaucoup de cendres.

L'anthracite s'allume difficilement et ne brûle bien qu'avec un tirage suffisant et une masse assez grande de combustible. Il ne se produit ni agglutination, ni fumée. La flamme est courte et bleue.

Le pouvoir calorifique est d'environ 8.300 calories, le pouvoir évaporatoire des bonnes variétés atteint 9 kilogrammes.

L'anthracite peut remplacer le coke dans les hauts-fourneaux, pourvu qu'il ne se délite pas trop; on s'en sert également pour la fusion de l'acier au creuset. Enfin c'est le combustible par excellence des calorifères et des poêles à combustion lente.

En France il existe un gisement d'excellente qualité à la Mure dans l'Isère, on en trouve aussi en Vendée;

mais on le rencontre surtout en Angleterre, à Cardiff ; et en Amérique, Pensylvanie.

E — Analyse des charbons.

§ 215 — Principe.

La valeur industrielle d'un combustible pour le chauffage et la métallurgie dépend des proportions relatives de corps combustibles (carbone et hydrogène), de la proportion de carbone se dégageant à l'état volatil par chauffage sous forme d'hydrocarbures ou restant fixe à l'état de charbon ou de coke, de la proportion et de la nature des cendres, enfin de son pouvoir calorifique.

Remarquons que l'analyse quantitative d'une houille, conduite dans le sens indiqué précédemment pour un minerai métallique, par exemple, entraînerait d'une part l'analyse élémentaire par la méthode générale de l'analyse organique donnant le carbone, l'hydrogène, l'azote et l'oxygène, et d'autre part l'analyse complète des cendres. Or ce sont là des opérations longues et difficiles dont les résultats n'offrent pas grand intérêt pratique.

C'est pourquoi l'essai d'un charbon est exécuté à un point de vue industriel c'est-à-dire que l'on fait seulement l'analyse immédiate en groupes principaux de matières pouvant être obtenus par des opérations simples : humidité, matières volatiles, carbone fixe et cendres ; cette analyse permettant ainsi d'apprécier de suite la valeur du charbon étudié en tant que combustible.

L'essai industriel comportera donc, outre l'analyse immédiate, la détermination du pouvoir calorifique, le dosage du soufre et souvent du phosphore, enfin éventuellement l'analyse des cendres.

§ 216 — Analyse immédiate.

Elle comprend les trois opérations suivantes : la dessication vers 100 - 110° donnant l'humidité ; la carbonisation en creuset fermé donnant le poids du résidu fixe (coke = carbone fixe et cendres) et par différence les matières volatiles, enfin l'incinération donnant le poids des cendres.

Dessication — L'humidité varie beaucoup suivant la durée d'exposition à l'air; les houilles ordinaires en contiennent 0,5 à 3%, les houilles flambantes de 5 à 10%, les lignites jusqu'à 40%.

La dessication se fait sur 2 à 5 grammes de matière finement pulvérisée en capsule de platine qu'on chauffe de 105 à 110°, jusqu'à poids constant, à l'étuve.

Carbonisation — Le rendement en matières volatiles et coke s'obtient en calcinant à l'abri de l'air un poids déterminé du combustible à essayer. Ce rendement dépend essentiellement, toutes choses égales d'ailleurs, de la rapidité avec laquelle le combustible est échauffé, le mode de décomposition des hydrocarbures contenus dans le combustible variant avec cette rapidité et par suite avec la capacité calorifique et la température de la source de chaleur comparées avec le poids et les dimensions du récipient contenant le combustible. Le fait est bien connu dans la fabrication du gaz d'éclairage: 100 kilogrammes de houille, chauffée au rouge sombre (700°) rendent $19^{mc}7$ de gaz et $9^{k}6$ de goudrons et benzol, et chauffée au rouge vif (900°) donnent $25^{mc}8$ de gaz et $6^{k}1$ de goudrons et benzol.

Donc quel que soit le mode de carbonisation adopté, on ne doit donc lui attribuer qu'une valeur relative, spéciale à ce mode, et pour être comparables entre eux, les résultats doivent être obtenus en opérant toujours de la même manière.

Les combustibles, en dehors du cas des gazogènes, sont presque toujours brusquement portés à très haute température dans les foyers industriels, le mode d'essai se rapprochant le mieux des conditions de la pratique doit donc être celui qui porte le plus rapidement possible le combustible à une température élevée, toujours la même.

Dans les laboratoires on opère sur un creuset de platine

fermé, contenant 2 grammes de houille réduite en poudre, qu'on chauffe sur un fort bec Bunsen jusqu'à ce que toute trace de gaz combustible ait disparu. On pèse après refroidissement, la perte de poids, diminuée de l'humidité à 105°, représente les matières volatiles.

On fait ainsi souvent des essais sur une série de creusets en porcelaine ou en platine, avec un couvercle muni d'une ouverture, qu'on introduit dans un moufle porté au rouge vif. Il faut avoir soin de laisser les creusets quelques instants à l'entrée du moufle pour éviter le dégagement trop brusque des produits volatils qui, en s'enflammant, pourraient donner lieu à des projections hors du creuset; quand le dégagement se ralentit on pousse au fond du moufle et on retire le creuset quand il n'y a plus de flamme à l'ouverture du couvercle.

Incinération — On opère sur 1 à 5 grammes de combustible finement pulvérisé et placé dans une capsule de porcelaine ou de platine ; on recouvre d'abord avec le couvercle pour éviter les pertes par décrépitation et on chauffe progressivement au moufle jusqu'au rouge vif, en laissant assez longtemps (3 heures au minimum) pour calciner complètement le charbon.

On pèse et déduit le poids des cendres du coke obtenu précédemment pour avoir le carbone fixe.

On a alors les données nécessaires pour dresser comme il suit le tableau de l'analyse industrielle du combustible (exemple de charbon maigre pur).

Humidité à 100/110°	1,85 %
Matières volatiles	10,15
Carbone fixe	86,30
Cendres	1,70
Total	100,00

§ 217 — Détermination du pouvoir calorifique.

C'est la donnée la plus importante au point de vue de la prévision du rendement des combustibles employés pour le chauffage industriel, et sa détermination, exceptionnelle autrefois, est devenue une opération courante des laboratoires métallurgiques.

Le pouvoir calorifique se détermine généralement expérimentalement au moyen de la bombe calorimétrique, il peut être également calculé d'une façon assez approchée au moyen de formules empiriques.

Bombe calorimétrique — L'appareil habituellement employé pour la détermination du pouvoir calorifique des combustibles est l'obus Mahler dérivant de la bombe calorimétrique de Berthelot et Vieille, où le revêtement intérieur destiné à éviter l'oxydation de l'acier nickelé des parois de l'obus est en émail. La combustion y est effectuée à volume constant dans de l'oxygène à 25 atmosphères de pression.

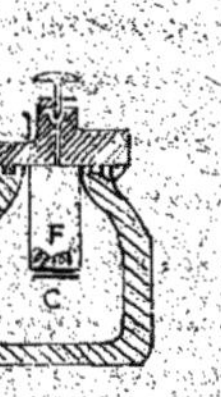

Fig. 72

L'obus Mahler (fig. 72) a une capacité de 654 cm³, ses parois ont 8 mm d'épaisseur. Il est obturé par un bouchon à vis serrant une rondelle de plomb. Le bouchon porte un robinet pointeau qui sert à l'introduction de l'oxygène, il est traversé par une électrode en platine isolée, prolongée à l'intérieur de l'obus par une tige de platine. Une deuxième tige de platine fixée au bouchon soutient une capsule plate en platine C dans laquelle on place la matière à brûler. Celle-ci est enflammé par le contact d'une petite spirale en fil de fer F, qu'un courant électrique (dynamo, accumulateur ou courant de ville) brûle au moment voulu et qui joue ainsi le rôle d'amorce.

La bombe est immergée dans l'eau d'un calorimètre ordinaire. L'uniformité de la température en tous les points de cette eau est assurée au moyen d'un agitateur hélicoïdal Berthelot, commandé par une combinaison cinématique permettant d'imprimer aisément au système un mouvement régulier.

Pour le détail des opérations nous renvoyons à la Contribution à l'étude des combustibles présentée dans Bulletin de la Société d'Encouragement en 1892 par et réédité chez Béranger sous le titre : Études sur les combustibles solides, liquides et gazeux.

La détermination du pouvoir calorifique à l'aide de l'obus de Mahler donne, après toutes corrections d'analyse expliquées dans l'ouvrage de l'auteur un nombre de calories représentant la chaleur dégagée par une combustion à volume constant et en condensant l'eau formée, c'est moins et plus que l'énergie calorifique réellement utilisée dans un four ou un foyer industriel. Il est donc nécessaire de faire une double correction. Ces corrections se font par deux formules très simples dérivées du principe de la Conservation de l'Énergie. Nous empruntons au Cours : Introduction à l'étude de la Métallurgie de Monsieur H. Le Chatelier, ces deux formules dont la démonstration nous entraînerait trop loin.

1° — Correction pour combustion à pression constante. — Elle est donnée par

$$L = Q + 0.54\, n$$

formule dans laquelle L représente le pouvoir calorifique cherché à pression constante, Q le même pouvoir à volume constant (déterminé par l'expérience calorimétrique) et n le nombre de volumes moléculaires dont le mélange a diminué, l'eau étant supposée rester à l'état liquide. La correction est nulle dans le cas où le carbone brûle complètement à l'état d'acide carbonique, puisqu'il n'y a pas de contraction de volume ($C + O^2 = CO^2$, 1 volume moléculaire avant et après, $n = 0$) elle est la plus forte pour l'hydrogène ($H^2 + O = H^2O$ condensée, 1 volume 5 avant et 0 volume après, $n = 1.5$) sans dépasser cependant 1%.

De sorte que la correction envisagée est très faible pour une houille qui est un combustible peu hydrogéné.

2° — Correction pour la non condensation de l'eau. — Elle est donnée par

$$L' = Q - 10.73\, n'$$

formule où L' est le pouvoir calorifique avec eau non condensée, Q le pouvoir déterminé à la bombe (eau condensée) et n' le nombre de molécules d'eau produites. Pour l'hydrogène la correction dépasse 12%; pour le carbone pur elle est nulle.

Pour une houille, bien que la proportion d'hydrogène soit faible, cette correction prend une certaine importance. Pour avoir la valeur de n' il n'est pas besoin de faire l'analyse organique complète; connaissant la teneur en matières volatiles on en déduira la teneur en hydrogène avec assez d'approximation pour faire la correction, laquelle peut dépasser 4% pour les houilles à gaz.

Formules empiriques. — Il existe des lois empiriques permettant de calculer assez exactement le pouvoir calorifique lorsque l'on n'a pas à sa disposition l'outillage de la bombe Mahler.

Certaines formules, basées sur la composition de la houille en carbone, hydrogène, oxygène; présentent au point de vue de leur application industrielle l'inconvénient d'exiger une analyse organique complète. Dans cette catégorie nous rappellerons la formule de Dulong :

$$P = 80,8\ C + 344,6\ \left(H - \frac{O}{8}\right)$$

dans laquelle C s'applique au carbone total, H et O représentant les teneurs pour 100 de la houille en hydrogène et oxygène.

D'autres formules prennent pour point de départ l'analyse immédiate, cendres, carbone fixe, matières volatiles, et sont d'un emploi plus facile. Nous donnerons dans ce genre la formule de Gontal qui additionne le pouvoir calorifique du carbone fixe (8.200 calories) avec celui des matières volatiles

$$P = 82\ C + a\ V$$

dans laquelle C représente la teneur pour 100 en carbonne fixe (coke moins les cendres), V la teneur % en matières volatiles (perte à la calcination moins l'humidité), enfin a un coefficient variable dépendant de V.

Les valeurs de a ont été déterminées pour des combustibles tenant jusqu'à 40% de matières volatiles par plus de 600 mesures faites à l'obus Mahler. Elles sont représentées par la courbe ci-dessous (fig. 73 page 100) obtenue en prenant pour abscisses les teneurs en matières volatiles V des combustibles supposées pures (sans humidité, ni cendres $V' = 100 \frac{V}{C+V}$) et pour ordonnées les valeurs correspondantes de a (pouvoir calorifique des matières volatiles).

De cette courbe on déduit le barème suivant :

Matières volatiles % V'	5	10	15	20	25	30	35	40
a	145	130	117	109	103	98	94	80

Et ces valeurs du coefficient a réparties dans la formule de Gontal donnent un tableau du pouvoir calorifique de houilles en fonctions de leurs matières volatiles.

Matières volatiles :	40	35	30	25	20	15	10	5
Pouvoirs calorifiques :	8515	8680	8725	8740	8725	8680	8620	8120

d'où l'on déduit la courbe ci-dessous (fig. 74 page 101)

La méthode n'est valable que pour des valeurs de V' comprises entre 5 et 40%. L'erreur de la formule pour toutes les houilles ordinaires (non anthraciteuses) c'est-à-dire l'écart entre la valeur calculée et la valeur réelle du pouvoir calorifique ne dépasse pas 1%. Il ne faut pas oublier qu'ici aussi on trouve le pouvoir calorifique à volume constant et eau condensée; il faudra donc faire la correction due à l'hydrogène

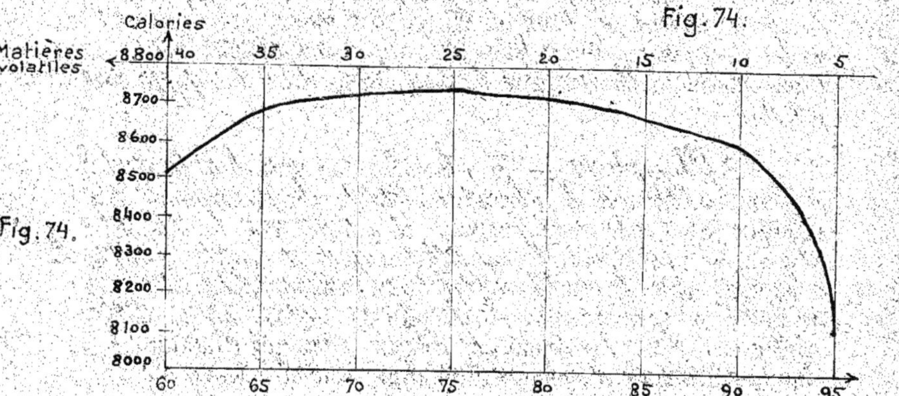

de la houille comme dans le cas de la détermination expérimentale à la bombe.

§ 218 — Dosage du soufre et du phosphore.

Ces dosages sont très importants pour les houilles qui servent à fabriquer le coke employé dans la métallurgie du fer.

Soufre. — Le dosage du soufre se fait généralement sur le combustible cru qu'on attaque à chaud en creuset de platine par un mélange de carbonate de soude et de magnésie calcinée. on reprend par l'eau de brome pour oxyder les sulfures alcalins formés et on précipite le soufre de ces sulfates par le chlorure de baryum.

Comme la teneur en soufre est faible, il est bon de s'assurer par un essai à blanc que le carbonate de soude et la magnésie n'en contiennent pas.

Cette méthode donne le soufre total contenu dans le combustible à l'état de pyrite, de sulfates ou de sulfures organiques

Si l'on fait une détermination du pouvoir calorifique à la bombe - Mahler on peut faire aisément un bon dosage du soufre en se servant de l'eau de lavage de la bombe pour y doser le soufre des pyrites et des sulfures organiques entièrement passé à l'état d'acide sulfurique par la combustion dans l'oxygène sous pression.

Phosphore. — Le phosphore se dose dans les cendres du combustible par le phosphomolybdate d'ammoniaque. On attaque pour cela 1 à 2 grammes de cendres par l'acide chlorhydrique, on étend d'eau, filtre, rajoute de l'acide azotique et précipite par le réactif molybdique (nitromolybdate d'ammoniaque) en opérant avec toutes les précautions nécessaires, indiquées dans les traités de Chimie (Voir G. Chesneau - Principes théoriques et pratiques d'Analyse minérale; dosage du phosphore.)

§ 219 — Analyse complète des cendres.

Comme la composition des cendres peut jouer un rôle important en métallurgie, il est parfois nécessaire d'en faire une analyse complète.

On brûle un poids suffisant de houille pour obtenir 1 à 2 grammes de cendres, et on procède à l'analyse comme pour une argile (Voir G. Chesneau) Les cendres de la plupart des houilles, contiennent en effet, comme les argiles, de la silice de l'alumine quelquefois de la chaux et de la magnésie presque toujours de l'oxyde de fer provenant de la sidérose ou de la pyrite mélangée à la houille, et dans ce dernier cas les cendres peuvent contenir des sulfates; il y a souvent des phosphates, parfois même des arséniates, si la houille contenait du mispickel.

L'analyse des cendres peut d'ailleurs donner des résultats très différents de ceux du combustible cru, pour le soufre et l'arsenic qui se volatilisent plus ou moins pendant la combustion.

Voici la composition de quelques cendres de houille (d'après Babu)

Origine des houilles	SiO^2	Al^2o^3	Fe^2o^3	CaO	MgO	K^2o	Na^2O
La Grand' Combe	51,5	24,4	10,4	7,8	2,0	2,6	0,6
Trélys	49,0	29,0	7,3	8,2	2,5	2,35	0,5
Molières	48,0	26,0	7,3	14,6	3,7	"	"
Aniche	48,5	33,7	7,9	2,0	"	"	"
Aubin	50,0	32,0	8,0	5,0	"	"	"
Dowlais n° 1	24,1	20,8	16,0	9,4	9,7	"	"
D° n° 2	39,6	39,2	7,5	1,8	2,6	"	"
Newcastle n° 1	44,6	26,4	16,0	3,6	0,6	"	"
D° n° 2	29,5	22,0	17,8	10,6	1,0	"	"
Durham	42,1	28,0	12,0	6,0	0,2	"	"
Pensylvanie n° 1	61,0	35,0	1,2	1,5	0,1	"	"
D° n° 2	34,0	34,1	21,0	1,5	0,1	"	"
D° n° 3	28,4	17,0	27,0	11,2	"	"	"

Chapitre XII - Sondage
(Système ordinaire)

Sommaire {

Systèmes de sondages — Questions à envisager.

A — Outils : Outils d'attaque (Terrains tendres, terrains durs) Outils de curage — Outils d'échantillonnage)

B — Corps de sonde : Tiges — Appareil de guidage — Appareil de sûreté — Tête de sonde.

C — Appareil à chute libre : Trépan à chute libre — Coulisse de battage (à inertie, à réaction, à poids mort)

D — Engins de manœuvre : Chevalement — Levier de battage — Organe moteur.

E — Conduite du sondage : Installation — Manœuvre des tiges (montage, démontage). Battage — Curage.

F — Tubage du trou de sonde : Chemisage des parois (Glaissage. Cimentage). Principe du tubage — Tubes (Nature. Assemblage). Préparation du trou (Alésoirs - Élargisseurs). Descente d'une colonne perdue — Descente d'une colonne entière (forcée, ralentie) Enlèvement du tubage (colonne perdue - colonne entière)

G — Accidents du sondage : Coincement d'outils — Rupture des tiges (Caracole, Cône taraudé). Chute d'objets.

§ 220 — Systèmes de sondage.

Le principe du sondage consiste à pratiquer à travers l'écorce terrestre un trou de faible diamètre afin d'opérer rapidement une coupe géologique des terrains ou de reconnaître une substance minérale à des profondeurs souvent considérables.

Il y a plusieurs systèmes de sondages. On les différencie d'abord en deux catégories bien distinctes suivant la
manière dont agit l'outil perforateur des terrains sédimentaires : les systèmes par battage, c'est-à-dire par coups
verticaux donnés successivement sur la roche suivant les diamètres de la circonférence du trou de sonde, et les systèmes
par rodage, c'est-à-dire par usure du terrain résultant
d'un mouvement circulaire de l'outil.

Dans les systèmes de la première catégorie on distingue ceux où l'outil est relié à l'appareil de sonde par un
dispositif flexible, corde ou câble, et ceux où la liaison se fait
par une tige rigide qui peut être mobile, pleine ou creuse
avec circulation d'eau, ou fixe l'outil se mouvant seul.

Les divers procédés de sondages peuvent donc se classer
suivant le tableau ci-dessous :

```
                            ┌ tiges pleines ┌ tiges en fer ──── Système ordinaire à chute libre
                            │               └ tiges en bois ─── Système canadien
            ┌ tiges mobiles │
            │               │               ┌ à coulisse ┌ eau descend par tige : Système Fauvel
Percussion ─┤ par tiges     └ tiges creuses ─┤            └ eau remonte par tige ── Système Fanck
            │               │               └ pas de coulisse ──────────────── Système Raki
            │               └ tiges fixes creuses commande hydraulique du trépan ── Système Wolski
            │
            └ par corde ┌ corde plate ──────────────────────── Système chinois
                        └ câble métallique ──────────────────── Système américain

            ┌ attaque par le diamant ─ terrains durs ────────── Système Sullivan
Rotation ───┤
            └ attaque par l'acier ─ terrains tendres ─────────── Système Davis
```

§ 221 — Questions à envisager.

Nous commencerons dans ce chapitre par décrire en
détail le système ordinaire à tiges pleines de fer. Il nous suffira ensuite dans le chapitre suivant d'indiquer rapidement
les caractéristiques des autres systèmes qui les différencient de

celui que nous allons étudier maintenant.

Quel que soit le système envisagé, il y a toute une série de questions à examiner pour savoir comment et avec quoi se pratique l'opération du sondage.

Nous exposerons donc ces questions pour le procédé ordinaire, quitte à donner les modifications correspondant à chacun des autres procédés que nous passerons en revue plus loin.

L'ordre suivi sera : outils de sonde, corps de sonde, appareil à chute libre, permettant l'indépendance des outils et du corps de sonde, engins de manœuvre, conduite du sondage, tubage du trou de sonde, accidents pouvant se produire au cours du sondage.

A — Outils.

Les outils de sonde sont de trois catégories suivant leur destination : attaque du terrain, nettoyage du trou de sonde, prise d'échantillons des terrains traversés.

§.222. Outils d'attaque.

Les outils d'attaque sont de deux sortes suivant la nature des terrains sur lesquels ils agissent.

Terrains tendres. Pour les terrains tendres on emploie les tarières.

Celles-ci sont de formes diverses. En général c'est une tarrière ouverte (fig. 75) ou une tarrière à mouche (fig. 76). le terrain par suite du mouvement de rotation de l'outil remonte dans la partie cylindrique.

Pour des sables peu agrégés on emploie la tarrière sabanée (fig. 77) qui est une véritable mèche à percer.

Pour de l'argile compacte on fera usage de la tarrière de la figure 78 qui permettra d'y découper à l'emporte-pièce un cylindre adhérent aux parois lorsque la tarrière remontera.

Tous ces outils portent à leur partie supérieure un pas de vis avec un épaulement pour les fixer à l'extrémité de la tige de sonde.

Terrains durs — Dans les terrains durs on se sert

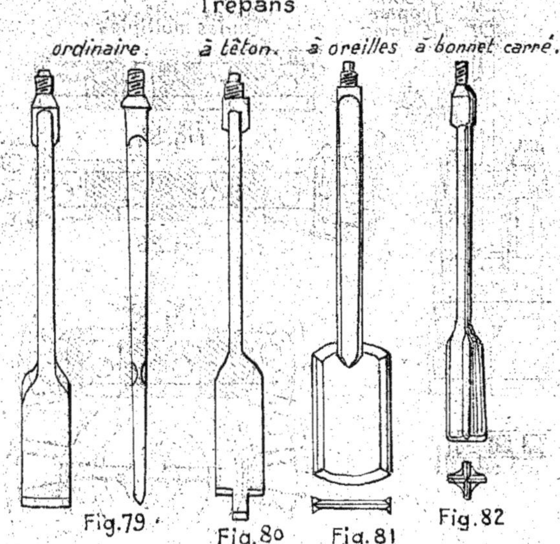

des trépans. Le trépan agit comme un véritable ciseau. Le taillant de la lame est voisin de 90° pour les roches très dures

il est plus aigu pour des roches plus tendres (fig. 79). Il peut
être muni d'un téton qui amorce le trou avant que toute la
lame vienne en contact avec le terrain (fig. 80)

Pour faciliter l'attaque on fait usage de trépan à
lame courbe et à oreilles (fig. 81)

Pour éviter le coincement de l'outil au fond du trou,
dans le cas de terrains très résistants on emploie un trépan
à bonnet carré (fig. 82) qui porte deux taillants perpendiculaires.

Lorsque le diamètre du trou de sonde dépasse 50 centimètres, il y aurait inconvénient à avoir des trépans tout
d'une pièce. Aussi prend-t-on des trépans à lames amovi-
bles. Pour des diamètres de 50 à 75 centimètres on aura des

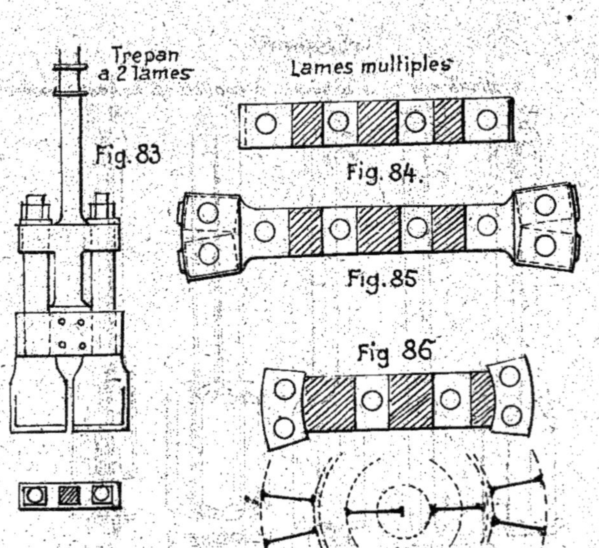

trépans à 2 lames (fig. 83).

Pour les diamètres de 0.80, 1m et plus on usera de trépans à lames multiples (fig. 84, 85, 86) constitués par un bâti

en fer forgé sur lequel on a ménagé des logements pour y placer les lames fixées à l'aide de boulons.

Il y a dans ce cas grand intérêt à ce que le trou reste circulaire. Pour s'en assurer et y remédier, si ne l'est pas, on place sur la tige des lames aléseuses qui servent également à guider le trépan dans sa chute (fig. 87). Elles sont en général montées en une étoile à 4 bras qu'on emmanche sur la tige et qu'on fixe au moyen d'une encoche et d'un tenon.

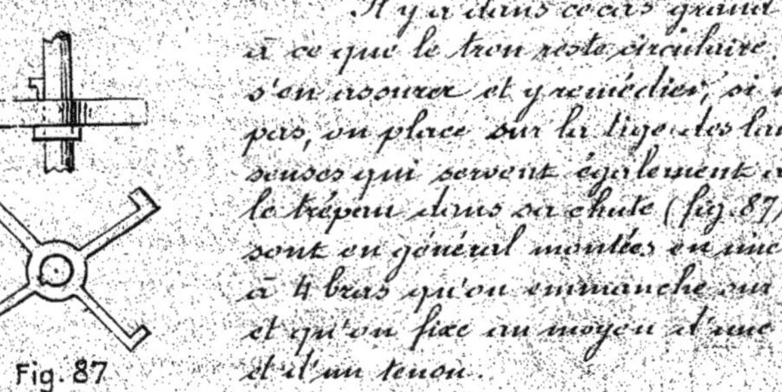

Fig. 87

§ 223 _ Outils de curage.

Après une heure ou deux de battage au trépan, il faut curer le trou de sonde. On se sert pour cela des cloches à soupapes ou cuillers.

C'est un cylindre creux fermé à son extrémité inférieure par une soupape qui peut être constituée par un clapet (fig. 88) ou bien par un boulet (fig. 89a 89b). Dans ce dernier cas la course du boulet b, généralement en caoutchouc est limitée par des lames a en croix.

Pour remplir la cloche on la sonne plusieurs fois de façon à faire pénétrer les déblais

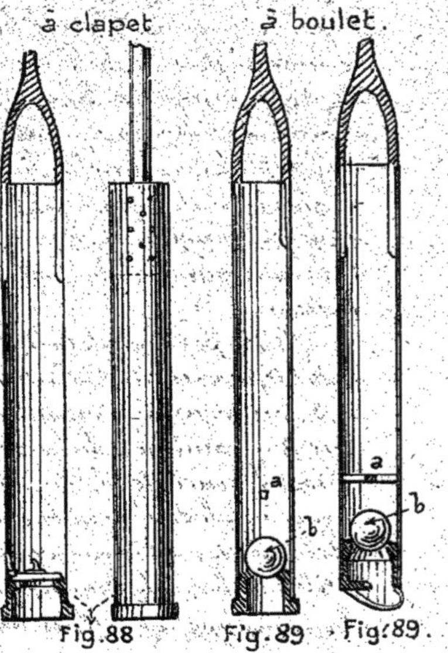

à son intérieur

Cl. à boulet et trépan

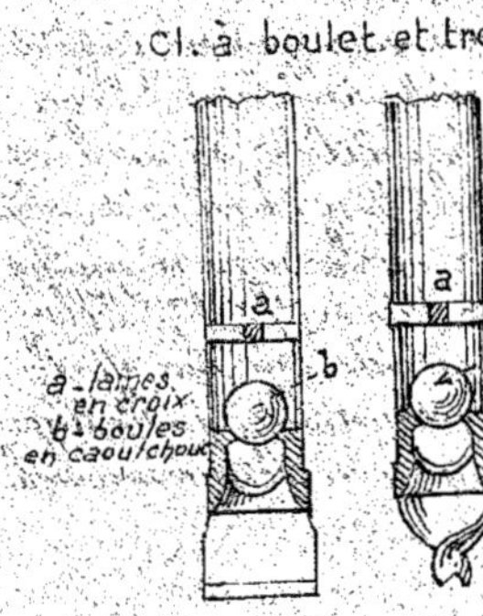

Cl. à soupape guidée

Pour éviter d'avoir deux outils différents pour le creusement et le déblaiement, on emploie quelquefois un appareil où la cloche à boulet et le trépan sont combinés (fig. 90).

Au lieu d'un trépan à taillant étroit, la cloche peut être prolongée par un trépan à amorce (fig. 91)

Lorsque le diamètre du trou de sonde augmente, on est conduit à augmenter les dimensions de la soupape. On arriverait ainsi à avoir des clapets à inertie trop considérable pour pouvoir fonctionner facilement par simple battage. Aussi emploie-t-on la cloche à soupape guidée (fig. 92) dans laquelle la manœuvre de la soupape se fait par une tige que l'on commande de l'extérieur

Mais pour des diamètres dépassant 80 centimètres on pourrait craindre que par suite de la mauvaise fermeture de la soupape la cloche se vide complètement. Aussi pour éviter cela, cloisonne-t-on la soupape en plusieurs

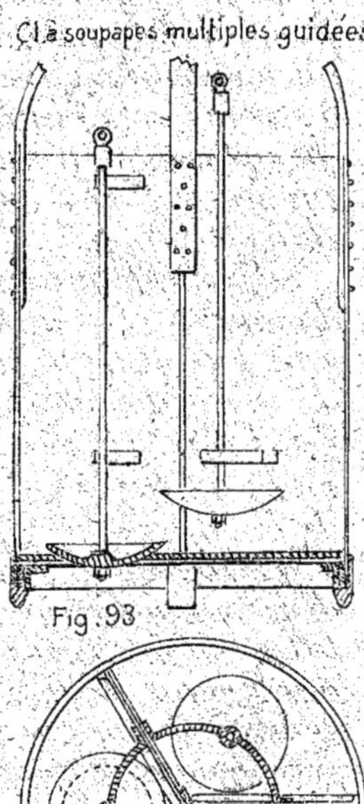

Fig. 93

parties indépendantes, ayant chacune leur soupape. La figure 93 représente une telle cloche à 3 casiers, ayant 3 soupapes guidées.

§ 224 — Outils d'échantillonnage.

Il faut pouvoir prendre des carottes, c'est-à-dire des échantillons des terrains traversés.

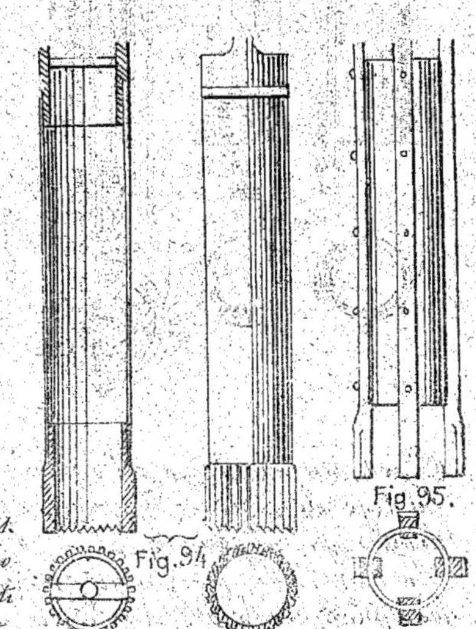

On le fait en commençant par découper la carotte au moyen d'outils découpeurs ainsi tués par une couronne à dents d'acier (fig. 94) ou par 4 lames d'acier (fig. 95) montées rectangulairement sur un corps cylindrique. Pour les terrains très durs, on peut faire usage d'une couronne diamantée.

Une fois la carotte découpée on l'enlève au moyen de l'extracteur (fig. 96 page 112) C'est un cylindre creux muni

Extracteur   Vérificateur

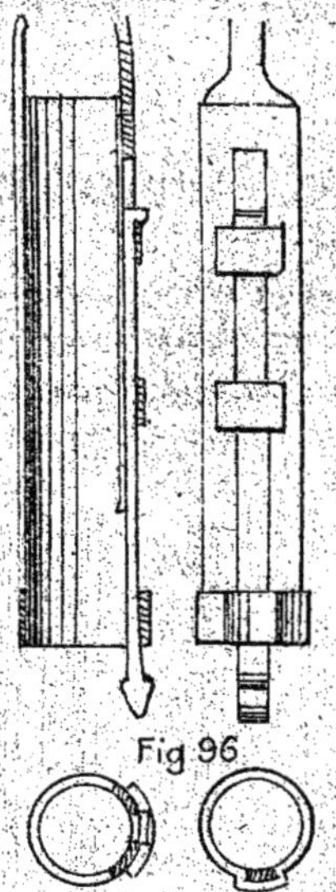

Fig 96

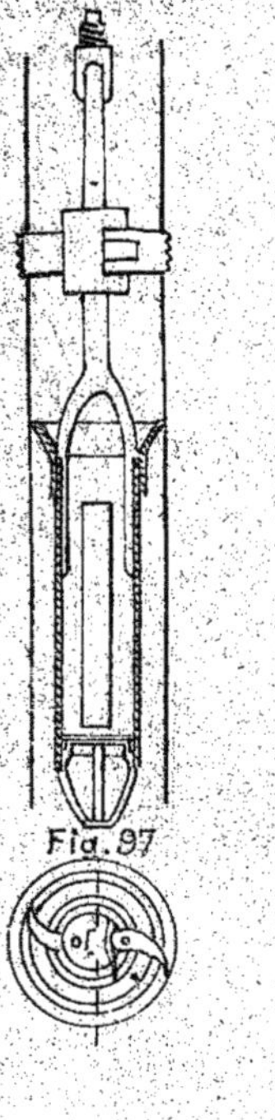

Fig. 97

d'un prolongement en forme de bec qui tend au moyen d'un ressort à revenir vers l'intérieur du cylindre et à soutenir ainsi le bloc engagé dans le cylindre.

Les outils précédents (écopeur et extracteur) sont faits pour prendre des échantillons au fond du trou de sonde, c'est-à-dire à mesure de l'avancement. Mais il y a des cas où l'on désire prendre un échantillon en une partie quelconque du trou de sonde, sur une couche précédemment traversée, et à laquelle on n'avait tout d'abord pas prêté attention.

On utilisera alors le vérificateur (fig. 97)

C'est un outil qu'on monte en un point quelconque de la tige de sonde. Il est essentiellement constitué par 2 lames qu'on fera tourner et qui gratteront ainsi les parois du trou. Les fragments obtenus sont recueillis dans le récipient placé en-dessous des lames. On fera donc agir l'instrument pendant un certain temps par rotation de la tige de sonde, pour avoir une quantité suffisante de débris détachés de la paroi à la hauteur étudiée. Il suffira ensuite de remonter le tout et de vider le récipient où sont rassemblés ces fragments.

B – Corps de sonde.

Le corps de sonde se compose des tiges, de l'appareil de guidage, de l'appareil de sûreté et de la tête de sonde.

§ 225 – Tiges.

Les tiges servent à manœuvrer de l'extérieur l'appareil d'attaque du terrain.

Les tiges sont ici en fer et pleines. Elles sont assemblées les unes aux autres, sur toute la longueur du trou de sonde.

Le diamètre des tiges ordinairement de 25 à 30 millimètres peut aller jusqu'à 50 m/m pour les grandes profondeurs. Dans ce cas pour alléger le corps de sonde on utilise des tiges à section décroissante.

Les tiges en fer ont de 4 à 12 mètres de longueur. Le poids par mètre de tige et par centimètre carré de section est de 0ᵏ780.

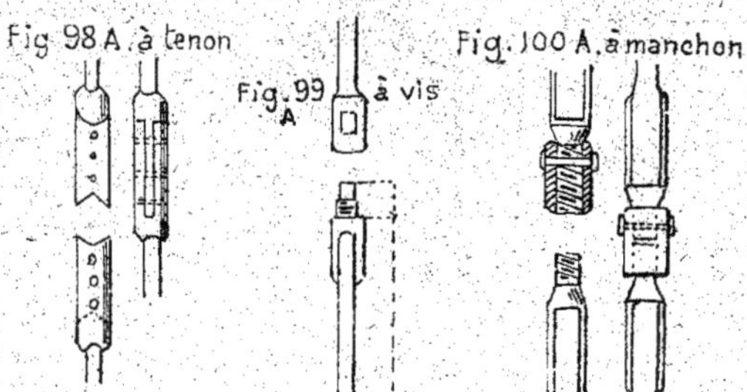

L'assemblage des tiges les unes sur les autres peut se faire de diverses manières.

1° – Assemblage à tenon et emmanchement (fig. 98). Avec un tel dispositif on peut tourner les tiges dans tous les sens sans risquer de défaire l'assemblage; mais les clavettes peuvent se détacher.

2° – Assemblage à vis (fig. 99) Chaque tige porte à une extrémité un bout mâle et à l'autre un bout femelle avec un épaulement.

L'accouplement une fois réalisé ne peut plus se défaire, à condition de ne tourner les tiges que dans le sens où on a tendance à les visser.

3º — Assemblage à manchon (fig. 100) Pour éviter une dissymétrie dans la confection des tiges, chaque extrémité est filetée pareillement, et sur l'une d'elle on visse un manchon, que l'on fixe à demeure au moyen d'un boulon transversal ou d'un prisonnier. Le manchon forme alors écrou pour la vis de la tige à assembler.

§ 226 — Appareil de guidage.

Lorsque la profondeur commence à être grande il faut éviter les fouettements des tiges, préjudiciable à leur bonne conservation ; il faut aussi que l'attaque du terrain se fasse toujours dans l'axe du trou de sonde, pour conserver la verticalité du sondage. D'où la nécessité d'assurer un guidage au corps de sonde. Ce guidage est réalisé d'abord au moyen du collier-guide (fig. 101) que l'on fixe immédiatement au-dessus du trépan.

Mais lorsqu'il y a une grande longueur de tige, ce dispositif ne suffirait pas à empêcher les tiges supérieures de fouetter. On emploiera alors des lanternes (fig. 102) ; ce sont des cages cylindriques en fer rond montées sur un élément de tige que l'on intercale à une hauteur quelconque dans la tige générale, et dont le diamètre

est sensiblement égal au diamètre du trou, de sorte qu'elles prennent appui le long des parois

§ 227 — Appareil de sûreté.

Il faut toujours prévoir le cas où une tige viendrait à se
rompre. Il en résulterait une descente in-
tempestive et brusque vers le fond du trou de
de toute la partie du corps de sonde située au-dessous
du point de rupture. Cet ensemble peut être
très lourd, si la cassure se produit assez haut
loin du trépan, et il se coincera contre les
parois de manière à rendre le sauvetage
fort difficile. Pour obvier à cet inconvénient
on fait usage de parachutes qui sont portés
par des éléments spéciaux de tige, que l'on
intercale en divers points de la colonne comme pour les lanternes. Ce dispositif a pour
but d'amortir la chute en cas de rupture en
offrant une grande résistance à l'air comme tout parachute.

Il existe même certains appareils dont
le fonctionnement est plus ou moins analogue à ceux dont nous parlerons plus loin
pour les curages d'extraction, s'ouvrant par inertie en cas de
chute brusque et prolongée et produisant le coincement rapide
de leurs griffes contre les parois de manière à arrêter la partie détachée de la colonne de tiges.

Parachute

Fig 103.

§ 228 — Tête de sonde.

La tête de sonde sert à suspendre le corps de sonde à
l'appareil de manœuvre.

Il faut que la tête de sonde permette le mouvement
de rotation du corps de sonde autour de lui-même de façon
à faire tourner le trépan qui doit attaquer le terrain dans
toutes les directions

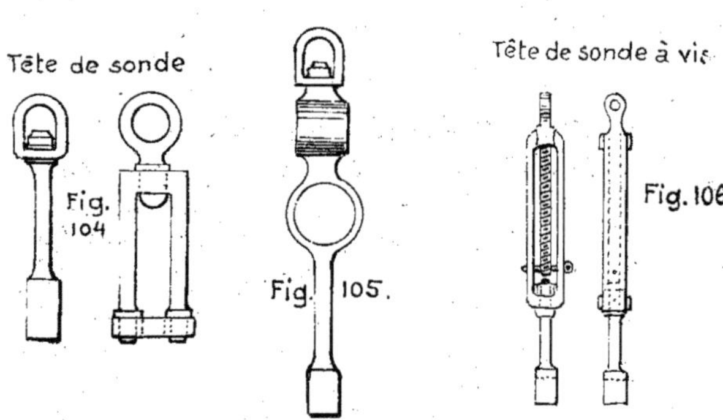

La tête de sonde (fig. 104) est constituée pour cela d'un anneau en fer à cheval ayant une partie plate sur laquelle s'appuie l'extrémité supérieure de la colonne de tiges. — Ou mieux d'une tige (fig. 105) portant deux ouvertures rectangulaires et suspendue à un étrier par un boulon qui permet la rotation.

Mais ce dispositif simple ne suffit généralement pas. Il faut en effet tenir compte de l'approfondissement graduel du trou de sonde. La longueur de la colonne de tiges doit varier constamment de la même quantité. Pour l'obtenir on emploiera la tête de sonde à vis (fig. 106). On pourra donc à chaque coup de trépan, si besoin est, augmenter la longueur du corps de sonde en faisant faire un tour à la vis. L'allongement pourra donc être obtenu par ce procédé, sans arrêter le battage, pour toute la longueur de la vis de la tête de sonde, qui dépasse en général un mètre. Quand on sera arrivé à fond de course on redescendra la vis complètement et on intercalera une rallonge dans la colonne des tiges. Lorsque le nombre des rallonges est suffisant, on les remplace par une tige nouvelle.

C. — Appareil à chute libre.

C — Appareil à chute libre.

Lorsque la profondeur à atteindre dépasse 200 mètres, la chute de tout l'ensemble trépan et corps de sonde présenterait des inconvénients résultant de la trop grande inertie des masses en mouvement ; il en résulterait des vibrations et des fouettements dangereux dans la colonne des tiges, après le choc contre le fond du trou. C'est pourquoi il faut avoir indépendance entre le trépan et le corps de sonde pour que l'outil d'attaque opère en chute libre.

Voyons, quelles sont les dispositions à donner au trépan et au corps de sonde pour réaliser cette condition.

§ 229 — Trépan à chute libre.

Le trépan tombant en chute libre, il faut lui donner une masse suffisante, d'autant plus grande que la roche est plus dure. On lui ajoutera donc une surcharge : on peut compter pour des terrains de résistance moyenne que la masse percutante doit avoir en kilogrammes la valeur du diamètre du trou de sonde en centimètres multipliée par 2 ou 2,5.

Il faudra de plus prévoir un guidage pour cet ensemble indépendant de la colonne. Aussi laissera-t-on tomber avec le trépan un élément de tige sur lequel on mettra un collier-guide (voir plus haut) ou même plusieurs éléments que l'on nommera alors de lanterne-guide. On pourra également faire usage de lames releveuses dans le même but.

§ 230 — Coulisse de battage.

Le joint élastique entre le trépan et le corps de sonde est réalisé par la coulisse de battage.

Il y a de très nombreux systèmes de coulisse fonctionnant par inertie, par réaction, ou avec un point mort.

Coulisses à inertie — Les plus courantes sont : la

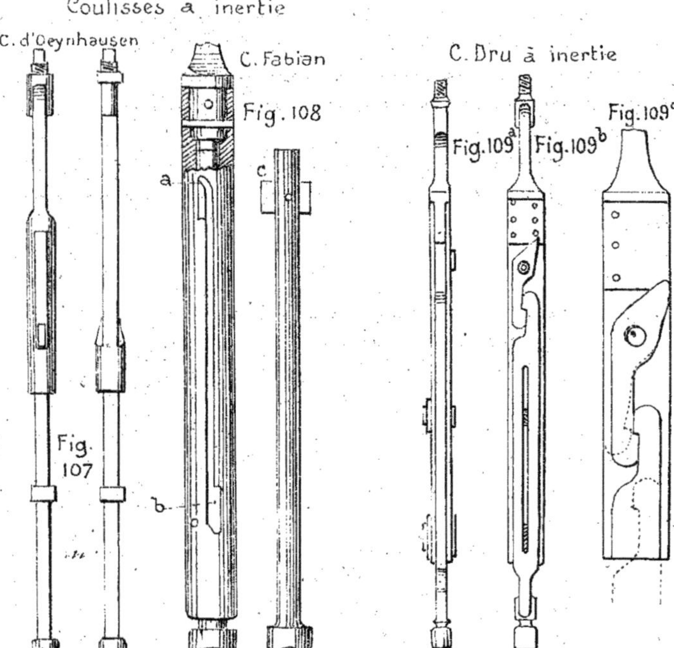

coulisse d'Oeynhausen (fig. 107), la coulisse Fabian (fig. 108) la coulisse Dru (figures 109).

Le principe de fonctionnement est le suivant pour la coulisse Fabian, par exemple : elle est formée d'une glissière aux deux extrémités de laquelle se trouve un encastrement pour le tenon que porte la tige du trépan. Au moment où la colonne de tiges, arrivée au point le plus bas de sa course, commence à remonter, la tige du trépan, entraînée par l'inertie tend à continuer son mouvement de descente, ce qui dégage le ténon C de l'encoche supérieure a. La chute libre du trépan a donc lieu jusqu'à l'autre extrémité b de la glissière. Alors la colonne de tiges redescend à nouveau, le ténon C coulisse dans la glissière et vient s'encastrer dans l'encoche a. Le trépan redevient donc solidaire du corps de sonde et remonte avec lui. Au mouvement suivant de descente de la colonne, les mêmes faits se reproduisent. On remarque donc qu'il faut battre deux fois pour avoir une chute du trépan.

Le fonctionnement des deux autres coulisses est analogue, comme il est facile de le voir d'après les figures 107 et 109 a, b, c.

Coulisses à réaction — Ce sont celles qu'on emploie le plus aujourd'hui.

Nous citerons seulement la coulisse de Hulster et la coulisse de Kind.

La coulisse de Hulster (fig. 110) est munie d'une palette p dont la rotation déplace un ergot e qui soutient la tige du trépan. Comme au fond du trou de sonde il y a toujours de l'eau, lorsque la coulisse y arrive, la palette p subit une poussée vers le haut, l'ergot e

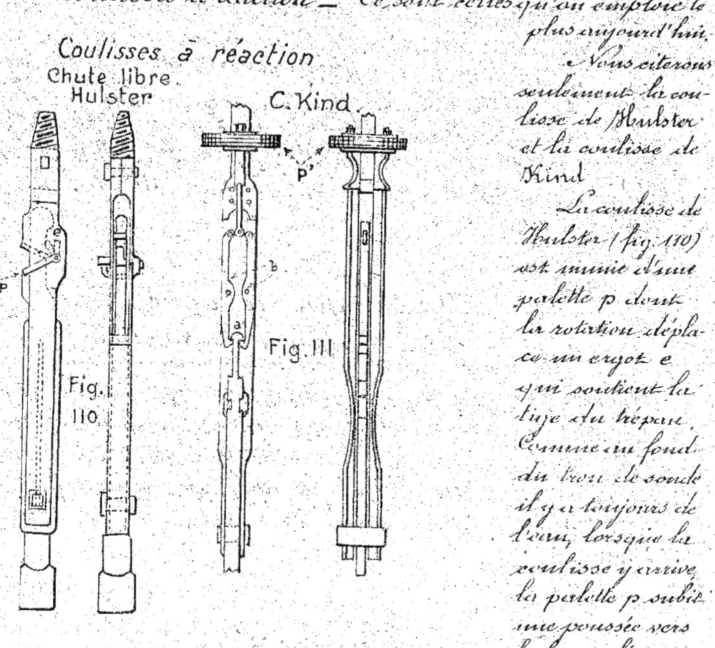

s'efface et le trépan devient libre. Au coup suivant du battage du corps de sonde la coulisse s'arme à nouveau.

Dans la coulisse Kind la palette est remplacée par un piston p' (fig. 111 page 119) qui sous la réaction de l'eau quand la colonne remonte tend à descendre et provoque l'écartement des bras b en serrant la tête a de la tige portant le trépan, ce qui provoque la chute de ce dernier. Le déclenchement se produit donc avec la coulisse Kind dans la phase du mouvement du corps de sonde opposée à celle pour laquelle il a lieu avec la coulisse de Hulster.

Coulisses à poids mort. — Pour des grands diamètres de sondage on emploie les coulisses à poids mort, car les systèmes précédents n'auraient pas assez de puissance pour provoquer la chute du trépan qui est ici de grandes dimensions.

Le principe du fonctionnement est analogue à celui de la coulisse Kind.

La griffe qui retient la tige mobile est actionnée par la rencontre de la masse fixe M (fig. 112 page 121).

D — Engin de manœuvre.

L'installation extérieure, au-dessus du trou de sonde constitue l'engin de manœuvre du sondage. Elle est très variable suivant l'importance et la profondeur à atteindre. Elle comprend en général un chevalement, un levier de battage et un organe moteur.

§ 231 — Chevalement.

L'engin de manœuvre peut être réduit à sa plus simple expression, lorsqu'il s'agit de sondages de quelques mètres de profondeur que l'on effectue à la main. Il n'y

C à poids mort

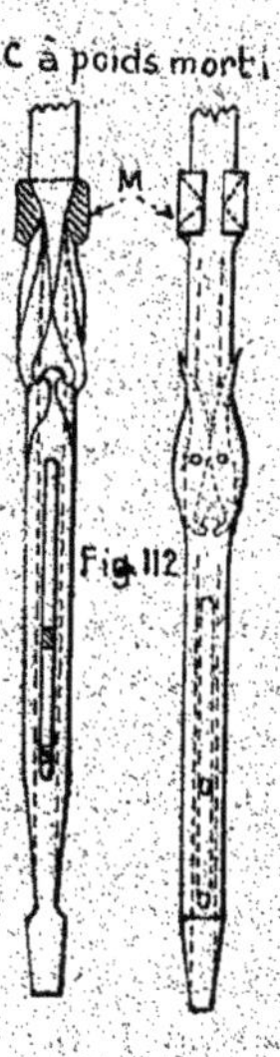

Fig 112.

Sonde Palissy

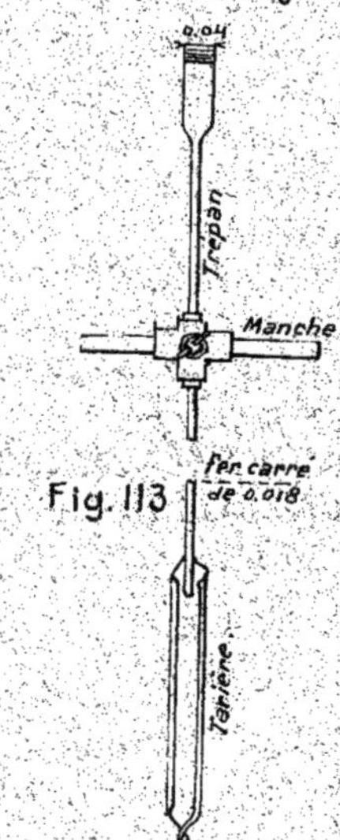

Fig. 113

Chèvre simple en bois
Battage à la main
Fig. 114.

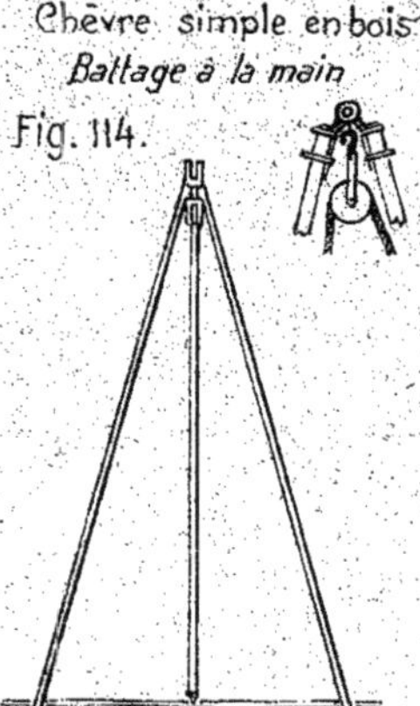

Chèvre démontable en fer
Battage au Treuil.
Fig. 115.

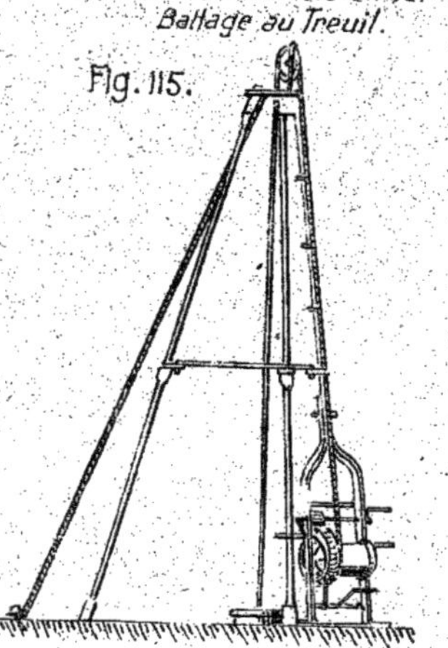

n'a alors pas de chevalement. On emploie la sonde Palissy : c'est une tige en fer de 3 ou 4 mètres de longueur munie à une extrémité d'un trépan à l'autre d'une tarière à mouche (fig. 113 page 121) ; un manche placé au milieu sert à la manœuvre.

Entre 5 et 10 mètres de profondeur on opère par traction directe.

Pour atteindre 10 à 15 mètres de profondeur on suspend la sonde à un câble passant sur une poulie portée par une charpente en bois, en forme de chèvre (fig. 114 page 121)

Au-delà de 20 à 30 mètres la sonde commence à devenir trop pesante et la chèvre en bois ne serait pas assez résistante. On la remplace par une chèvre démontable en fer (fig. 115 page 121), dont les montants sont constitués par des tubes creux ; afin d'en réduire le poids et d'en faciliter le transport.

Enfin lorsqu'il s'agira d'un sondage de grande profondeur (plusieurs centaines de mètres) devant durer plusieurs semaines, on installera un chevalement complet en fer, constitué par une charpente solidement entretoisée et fixée sur le sol. Au sommet est montée une poulie sur laquelle passe un câble qui sert à suspendre les tiges pendant les diverses manœuvres. Le chevalement sert de point d'appui au levier de battage qui commande le corps de sonde (fig. 116 page 123)

Il y a intérêt, pour la rapidité des manœuvres, à faire la charpente assez élevée et d'une hauteur égale à un multiple de la longueur des tiges.

§ 232 — Levier de battage.

Lorsque la profondeur du sondage dépasse 150 mètres,

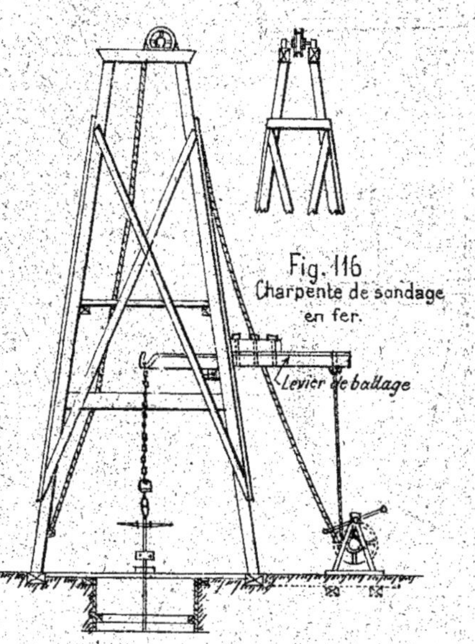

La liaison entre le corps de sonde et le moteur se fait au moyen d'un balancier ou levier de battage (fig. 116). Ce balancier est en fer, ou plus généralement en bois, pour être moins lourd. Une des extrémités est reliée par un câble à l'organe moteur. L'autre extrémité porte un crochet auquel s'attache la chaîne qui supporte la tête de sonde.

On emploie d'ordinaire un levier de battage à tourillons mobiles (fig. 117) dont l'axe de rotation peut changer de position afin de modifier la longueur relative des deux bras de levier, lorsque l'on veut faire varier l'effort moteur en raison de la résistance

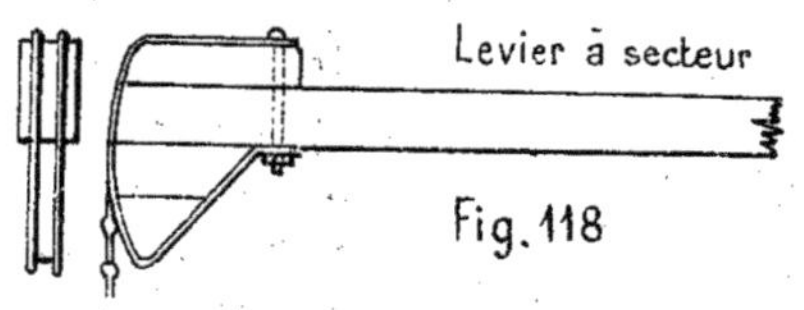

Levier à secteur

Fig. 118

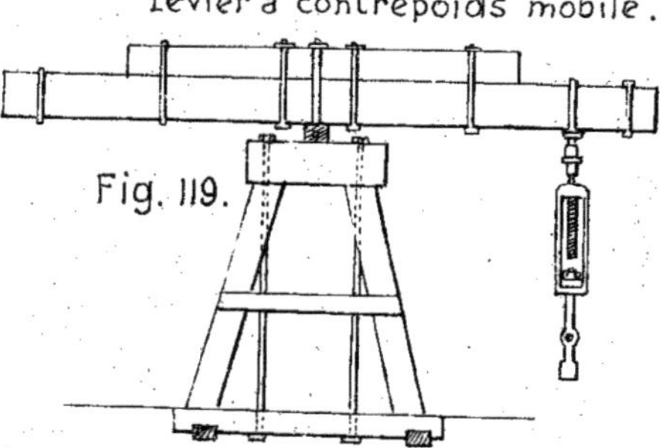

Levier à contrepoids mobile.

Fig. 119.

rencontrée par l'outil d'attaque.

D'autre part pour les grandes profondeurs il faut que le mouvement du corps de sonde soit rigoureusement vertical pour ne pas avoir de déviation du trou. On fera alors usage d'un levier à secteur (fig. 118) qui porte à l'une de ses extrémités une sorte de poulie à courbure variable sur laquelle s'enroule la chaîne d'attache de la tête de

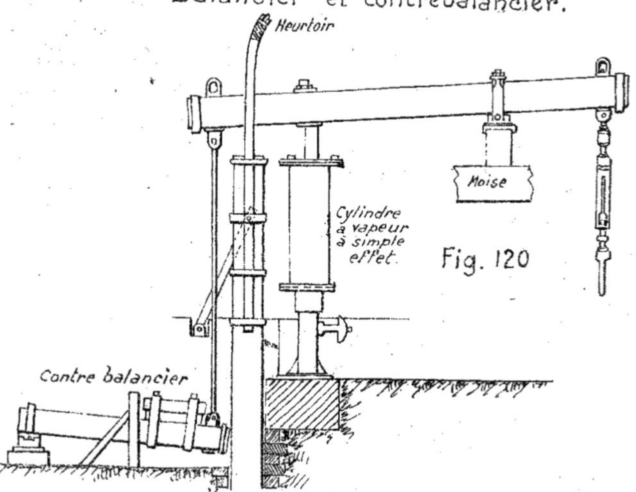

de sonde, de telle sorte que le mouvement de ce point d'attache reste constamment rectiligne et vertical au lieu d'être circulaire autour du tourillon du balancier.

De plus pour les grandes profondeurs malgré le déplacement du tourillon du levier, on n'arrive plus à équilibrer le balancier le poids du côté du corps de sonde étant trop considérable. On rétablira donc l'équilibre en munissant le levier d'un contrepoids mobile (fig. 119 page 124) dont on changera la position à mesure de l'approfondissement et par suite de l'augmentation de poids de la colonne de tiges.

Lorsque le poids à équilibrer est très important, le dispositif précédent ne suffirait pas. On préfère mettre le poids supplémentaire sur un contre-balancier appelé balancier d'équilibre placé au-dessous du levier de battage, géné-ralement dans une

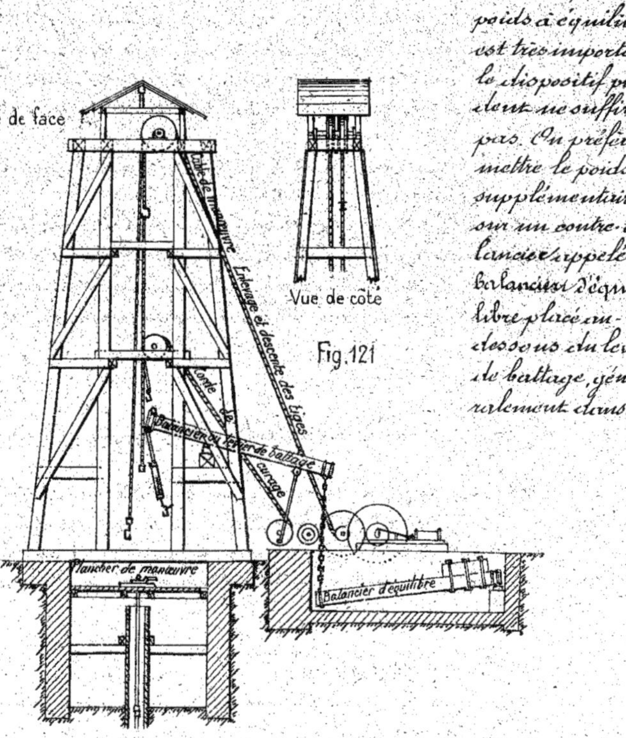

fosse (fig. 120). Une tige articulée relie les extrémités opposées des deux balanciers. Le contre-balancier est un levier où la résistance (représentée par le contrepoids) se trouve entre le point d'appui et la puissance représentée par la tige de liaison.

§ 230 _ Organe moteur

La manœuvre du corps de sonde ne comporte que des mouvements alternatifs verticaux.

Jusqu'à une trentaine de mètres on opère directement à la main, en faisant au besoin passer le câble qui supporte la sonde sur une poulie portée par une chèvre (fig. 114).

À partir de 30 à 40 mètres, on monte la corde sur un treuil à bras avec ou sans engrenages (fig. 115) mû toujours dans le même sens, et on tire ou on lâche la corde pour produire le battage.

On va ainsi jusqu'à 100 mètres en utilisant un balancier que l'on relie au treuil à bras (fig. 116)

Au delà de cette profondeur le balancier est mis en mouvement soit avec un cylindre à vapeur à simple effet (fig. 120), soit avec un cylindre à vapeur à double effet qui actionne le treuil (fig. 121) ou avec un moteur à essence ou à pétrole.

E _ Conduite du sondage.

Ayant indiqué les outils et le matériel nécessaire au sondage, il nous faut dire maintenant comment on l'exécute. Les diverses opérations que l'on doit envisager sont : l'installation, la manœuvre des tiges, le battage et le curage.

§ 234 _ Installation.

Le choix de l'emplacement doit être aussi judicieux que possible : on s'arrangera d'être à proximité d'un chemin pour avoir un accès facile, et d'un ruisseau pour avoir de l'eau si l'on emploie la vapeur.

Pour amorcer le trou de sonde, on commence par traverser le terrain meuble à l'aide d'un petit puits de 2 à 3 mètres au plus, jusqu'à ce qu'on rencontre le terrain solide. On place alors un tube guide bien vertical pour amorcer le sondage. Le puits est fermé à sa partie supérieure par le plancher de manœuvre (fig. 121) qui ne porte qu'une ouverture dans l'axe du sondage pour laisser passer le corps de sonde.

Il est essentiel que le tube guide soit bien isolé du plancher de manœuvre afin de ne pas détruire sa position verticale indispensable au bon début du sondage.

§ 235 — Manœuvre des tiges.

La manœuvre des tiges comprend le montage et le démontage de la sonde et du corps de sonde. On fait usage pour cela d'un treuil avec câble et poulie (fig. 121).

Montage — On introduit le trépan et on le suspend sur le plancher de manœuvre avec une clef de retenue ou une agrafe de manœuvre (fig. 123) par l'épaulement inférieur de la tige.

Avec un pied de bœuf (fig. 124) on amène au dessus une section de tige retenue par son épaulement supérieur.

On visse au moyen du tourne à gauche (figures 126)

Clef de retenue Fig. 122

Agrafe de manœuvre Fig. 123

la tige sur le trépan.

On soulève alors pour dégager la clef de retenue qu'on enlève, et l'on descend la portion de tige dans le trou. On la suspend à nouveau avec la clef de retenue et on amène

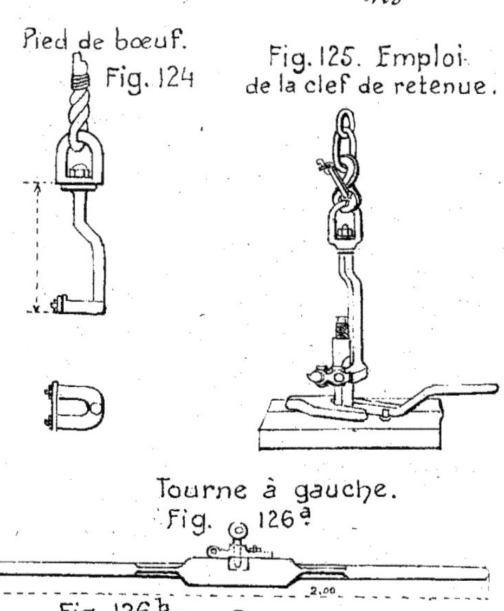

une autre section de tige que l'on visse sur la première.

On continue ainsi à mesure de l'approfondissement du trou de sonde.

Démontage

Le démontage de la sonde s'exécute de la même manière en sens inverse.

Quand une deux ou plusieurs tiges ont été remontées au jour avec le pied de bœuf (ceci dépend de la hauteur du pylône et de la longueur des tiges) on reçoit l'extrémité inférieure de ces tiges sur le plancher de manœuvre avec la clef de retenue et on dévisse les tiges une par une ou plusieurs ensemble.

Cette opération est forcément assez longue, quand la profondeur du sondage devient considérable. La manœuvre peut absorber deux heures, quand il faut remonter, puis redescendre 500 mètres de tiges pour changer l'outil d'attaque du terrain, ou pour nettoyer le trou de sonde.

§ 236 — Battage.

On réunit la tête de sonde à un crochet fixé au levier de battage au moyen d'une chaîne (ainsi que nous l'avons déjà dit) et l'on met le levier en mouvement.

Clef de manoeuvre.

Fig. 127

420

Hauteur de battage 30 à 70 centim.
Vitesse de frappe 40 à 50 coups
à la minute.

À chaque coup, on fait
tourner le trépan d'un certain
angle pour éviter le coincement et assurer la régularité circulaire du trou.

C'est le chef-sondeur qui
en est chargé, il emploie pour cela la clef de manoeuvre.

Quand le sondage s'approfondit, le chef-sondeur dévisse
progressivement la tête de sonde. Lorsqu'elle est entièrement
dévissée, il la remplace par une rallonge et rentre la vis de la tête
de sonde. Après l'interposition de trois ou quatre rallonges, il
procède à l'addition d'une nouvelle tige en remplacement de
ces courtes tiges.

§.237 — Curage.

Au bout d'un certain temps, il faut nettoyer le trou. On
démonte la sonde; on introduit à la place une cuiller, que l'on
descend en freinant le treuil. On bat quelques coups au fond,
on la remonte et on la vide.

On attache généralement la cuiller à un cable spécial
avec poulie de renvoi et tambour spécial sur le treuil de manoeuvre
(fig. 121). Comme on doit descendre plusieurs fois cette cuiller
dans le trou de sonde on évite ainsi des pertes de temps considérables en suspendant la cloche à soupape à un cable au
lieu de la visser à l'extrémité des tiges; car on n'a besoin
à chaque curage de ne faire qu'une fois le démontage et le remon-
tage des tiges, au lieu de deux fois.

F — Tubage du trou de sonde.

Il faut éviter l'éboulement des parois du trou de
sonde, car s'il vient à tomber des fragments de roches ou

le trépan; celui-ci se coince rapidement. Il y a pour combattre cet effet néfaste des moyens curatifs comme le chemisage des parois au moyen de glaise ou de ciment, et des moyens préventifs comme le tubage.

§238 — Chemisage des parois.

On cherche, lorsque se produisent des éboulements, à revêtir les parois du trou de sonde d'une couche de glaise ou de ciment.

Glaisage. — On beurre le trou avec de l'argile que l'on tasse avec une masse, mise à la place du trépan. On forera alors un nouveau trou dans l'argile au moyen d'une tarière. Ce procédé ne peut s'appliquer que pour des trous de faible profondeur et de faible durée.

Cimentage. — On peut aussi descendre au moyen de la cloche à soupape du ciment à prise rapide, que l'on déposera au fond du trou. Ce ciment se délitera dans l'eau remplissant le fond et il fera prise en obstruant le trou et en pénétrant dans les fissures avoisinantes. Il n'y aura plus qu'à repercer le trou de sonde dans la colonne de ciment ainsi formée.

§.239 — Principe du tubage.

Le chemisage des parois n'est bien souvent qu'un procédé de fortune et relativement long comme application. Aussi ne peut-il s'appliquer que pour le passage de certaines roches ébouleuses de faible épaisseur. Lorsque l'on a à craindre l'éboulement des parois sur une grande longueur, ou encore lorsque l'on a besoin d'avoir une étanchéité complète de ces parois pour la suite de l'exploitation (pétrole, fonçage d'un puits par congélation) on est conduit à faire un tubage, c'est-à-dire à revêtir les parois au moyen de tubes métalliques.

Le tubage sera temporaire ou définitif suivant que le sondage sera abandonné à la fin des recherches ou servira dans la suite pour l'exploitation.

Il y a différents systèmes de tubages variant avec... position et le nombre des tubes.

Différents systèmes de tubages.

par colonnes entières — par colonnes perdues — Système mixte.

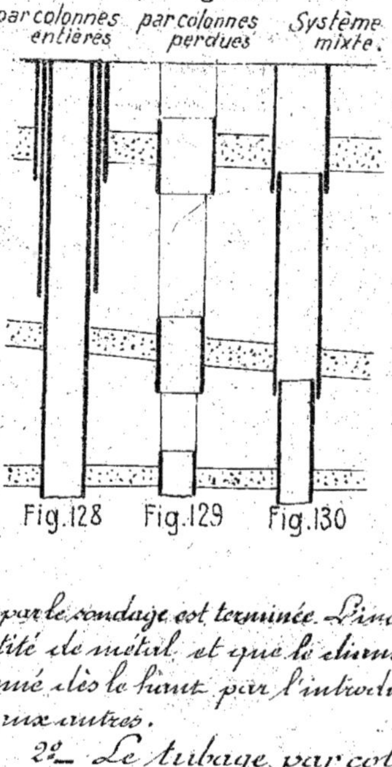

Fig.128   Fig.129   Fig.130

1° — Tubage par colonnes entières (fig. 128) On introduit une première colonne de tubes jusqu'au fond du trou. Puis quand le sondage s'est suffisamment approfondi, on monte une seconde colonne de tubes plus longue qu'on introduit à l'intérieur de la première, et ainsi de suite. L'avantage de ce système est que l'on peut facilement agir sur la colonne de tubes, et par conséquent il est possible de la retirer entière après que l'exploration par le sondage est terminée. L'inconvénient est qu'il faut une grande quantité de métal et que le diamètre du sondage est rapidement diminué dès le haut par l'introduction de tubages intérieurs les uns aux autres.

2° — Le tubage par colonnes perdues (fig. 129)
Ce système est l'opposé du précédent. On ne met de tubes qu'aux niveaux mêmes où le besoin s'en fait sentir. On a la dépense minimum de métal. Mais on n'a aucune action sur les tubes une fois la pose et faut que les tubes inférieurs puissent passer librement à l'intérieur des tubes supérieurs, puisqu'on ne peut exercer de pression par le haut pour les forcer à descendre; il en résulte une réduction très considérable

du diamètre utile du soudage avec la profondeur.

3° — Le tubage à système mixte (fig. 130) dans lequel le revêtement est continu, sans qu'il y ait cependant recouvrement des tubes; c'est un système à colonnes perdues jointives. Il présente donc le même inconvénient du manque d'action sur la colonne de tubes.

§ 240 — Tubes.

Nature. — Les tubes se font en fer doux soudé ou étiré pour les petits diamètres. On emploie aussi de la tôle d'acier pour les grands diamètres qui doit être très doux afin que les tubes soient le moins brisants possible. La longueur est 2 à 3 mètres. L'épaisseur varie depuis 2 jusqu'à 10 millimètres. Elle peut se calculer par la formule :

$$e = 0,15 \sqrt{h \times d}$$

h étant la hauteur supposée de la colonne d'eau en millimètres contre laquelle il faut avoir un revêtement étanche ;
et d le diamètre intérieur du trou en centimètres.

En général l'épaisseur varie de 2 à 5 millimètres pour un tubage provisoire, et de 5 à 10 millimètres pour un tubage définitif.

L'inconvénient général de tout tubage est la réduction du diamètre D du trou de sonde. On a d'ordinaire :

$$D - d = 2e + 4 \text{ à } 5^{m/m}$$

La réduction du diamètre va donc assez vite pour chaque nouveau tubage, ainsi que nous l'avons déjà dit pour les systèmes par colonnes entières.

Rappelons qu'autrefois, pour les puits artésiens du XII° siècle déjà, on employait des tubes en bois. Ils avaient une très grande épaisseur, mais duraient par contre presque indéfiniment.

Assemblage — L'assemblage des tubes est un assemblage à vis (fig. 131 page 133). On cherche en général à ne pas créer des surépaisseurs qui puissent rendre plus difficile la pose du tubage, surtout quand le terrain à tendance à gonfler (fig. 132 page 133).

Toutefois on songe parfois à renforcer le joint par un

manchon, quand l'étanchéité du tube doit être plus grande

Petit diametre en fer étiré.   Grand diametre en tôle.

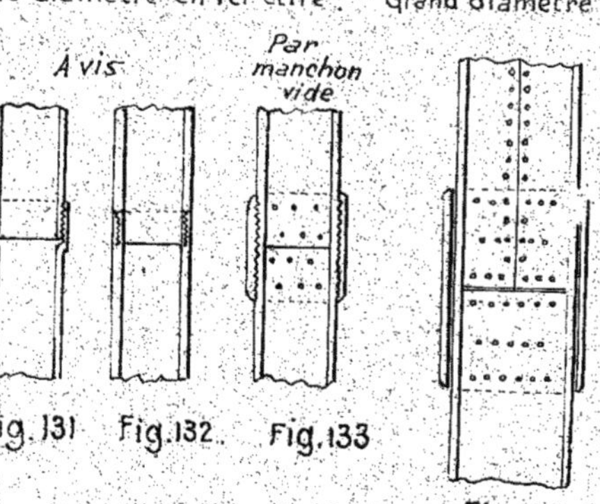

(fig. 133 et 134)
On emploie alors des rivets, comme s'il s'agissait d'une pièce de chaudronnerie.

La pose de ces rivets est délicate. Après avoir mis en regard les trous des deux viroles on descend le rivet et on l'attire par un crochet en fil de fer dans le trou qui lui est destiné (fig. 135) Puis on descend à l'intérieur du tube un rivoir à coin (fig. 136) composé de deux parties cylindriques qui, glissant sur un plan incliné, arrivent à donner un serrage suffisant pour pouvoir river. Le nombre des rivets à poser, faible pour les tubes de petit diamètre, puisqu'il ne comprend que les rivets du manchon, est beaucoup plus important pour les tubes de grand diamètre qui sont en tôle rivée.

§.134 — Préparation du trou.

Il faut préparer le trou pour qu'il puisse recevoir le tubage. On emploie pour cela les alésoirs et les élargisseurs.

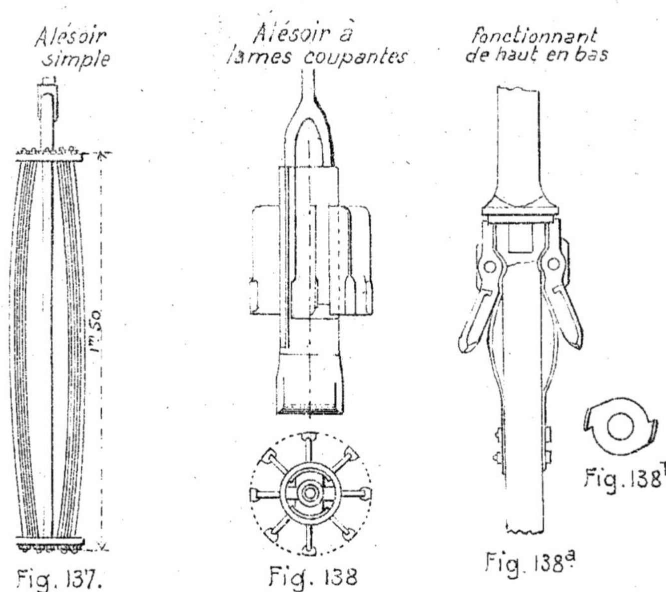

Alésoirs. — Ces outils servent à s'assurer que le trou est bien cylindrique.

Les uns sont en bois (fig. 137) en forme de tonneau pour les terrains tendres.

Les autres (fig. 138) sont à lames coupantes pour les terrains durs.

Élargisseurs. — Ces outils servent à réenfoncer une colonne de tubes déjà en place. Ils permettent donc de cou-

Emploi des élargisseurs pour faciliter la descente des tubages.

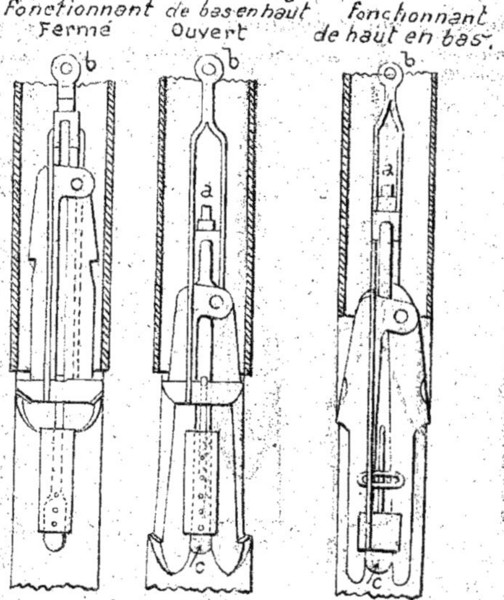

Fig. 139.

Fig. 140.

per la roche au-dessous du dernier tube et de prolonger le revêtement jusqu'à une autre couche de sables boulants si c'est nécessaire.

Le principe est analogue à celui de l'outil carottier appelé vérificateur dont nous avons déjà parlé. L'outil élargisseur se compose de deux ciseaux qui rabotent les parois suivant un diamètre. Les lames sont effacées pour la descente à l'aide d'une came placée sur la tête (fig. 138).

Certains appareils sont un peu plus compliqués. Suivant qu'ils fonctionnent de bas en haut (fig. 139) ou de haut en bas (fig. 140) on les ouvre en sommant sur la pièce et on les ferme en tirant avec une cordelette sur l'anneau b ou inversement. L'écartement des ciseaux étant toujours produit par l'olive C

§ 242 — Descente d'une colonne perdue.

Pour mettre en place une colonne perdue, étant donné qu'on ne peut agir par pression continue sur elle,

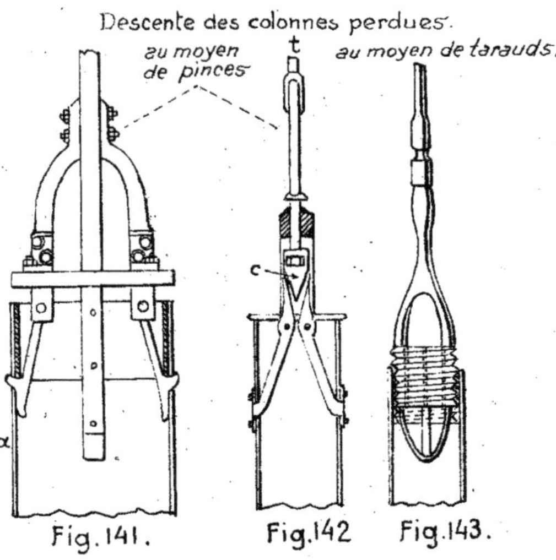

comme cela est possible pour un tubage entier, il faut nécessairement la descendre dans un trou de diamètre plus grand.

On commence donc par la monter complètement; il n'y a plus ensuite qu'à la laisser descendre attachée à un câble.

La liaison entre le câble et la colonne peut se faire au moyen de pinces ou de tarauds:

Dans l'attache par pinces (fig. 141 et 142) on coiffe la tête de colonne a par un tube plus petit b au moyen d'un manchon et dans un logement ménagé entre ces 2 tubes on engage les extrémités des crochets de la pince. Pour détacher la pince il suffit de laisser descendre le coin c entre les branches supérieures de cette pince; on sonnera pour cela sur la tête t.

Dans l'attache par tarauds (fig. 143) qui s'applique aux petits diamètres on visse dans le dernier tube un taraud. Lorsque la colonne sera à la hauteur voulue, il n'y aura qu'à dévisser pour la libérer.

Lorsque l'on veut faire descendre plus bas une colonne perdue déjà mise en place il faudra élargir le trou en-dessous et exercer une pression par-dessus. On la coiffera pour celle d'une tête en bois, sur laquelle on frappera par battage.

§. 243 — Descente d'une colonne entière.

Deux cas peuvent se présenter pour la mise en place d'un tubage continu, suivant que le diamètre du trou est sensiblement égal à celui du tubage, ou notablement plus grand que lui. Dans le premier cas la descente sera forcée, c'est-à-dire qu'il faudra agir sur le tubage pour le faire pénétrer dans le sol ; dans le second cas la descente devra être ralentie, le tubage ayant tendance à tomber dans le trou de sonde, entraîné par son propre poids.

Descente forcée. — La descente forcée peut se faire par choc ou par pression continue.

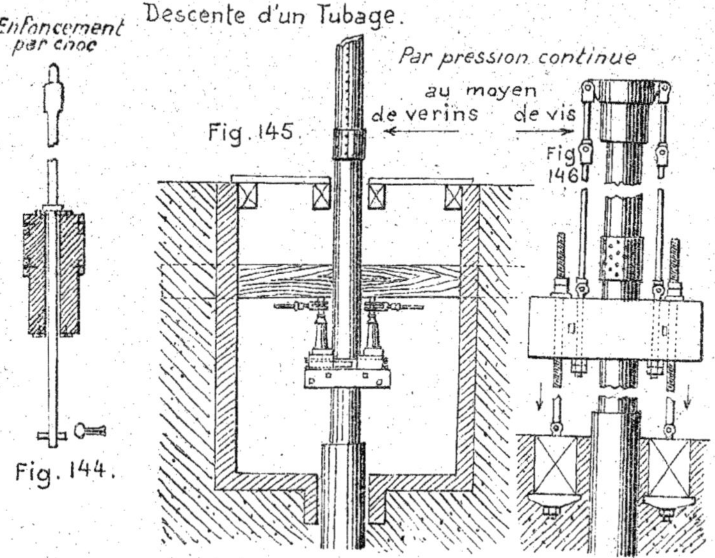

Dans l'enfoncement par choc on emploiera un tampon en bois ou en fonte (fig. 144) évidé ou non en son centre afin de laisser passer une tige de suspension. On frappe donc sur la tête de la colonne; mais l'inconvénient du procédé est de produire des vibrations qui en se transmettant au terrain, provoquent la chute de graviers et fragments divers au fond du trou, ce qui facilite le coincement du trépan.

Aussi est-il plus avantageux d'opérer par pression continue.

Dans le système par vérins la colonne est rendue solidaire d'un socle qui supporte les vérins à main ou hydrauliques (fig. 145) Ces vérins prennent appui sur un sommier fixe en bois.

Dans le système par vis on coiffe l'extrémité du tubage d'un chapeau relié par des bielles à un socle portant les écrous de vis qui prennent appui sur deux sommiers fixes (fig. 146). Les deux systèmes sont équivalents au point de vue de la continuité de la pression exercée sur le tubage.

Descente ralentie — La descente ayant lieu par le poids même du tubage, il faut retenir la colonne, pour éviter l'accélération du mouvement de descente. On emploie pour cela des colliers avec lesquelles on forme frein.

Ces colliers fortement serrés au préalable sur la colonne sont, pour les grands diamètres (fig. 147) suspendus par des vis à des sommiers: la descente se fait donc progressivement.

On peut aussi engager la tête du tubage dans un manchon, qui par frottement diminue la vitesse de chute.

Pour les petits diamètres, la descente est moins brusque par suite de l'action plus faible de la pesanteur. Aussi se contente-t-on de retenir la colonne par des colliers soutenus à la main (fig. 148)

§. 244 Enlèvement du tubage.

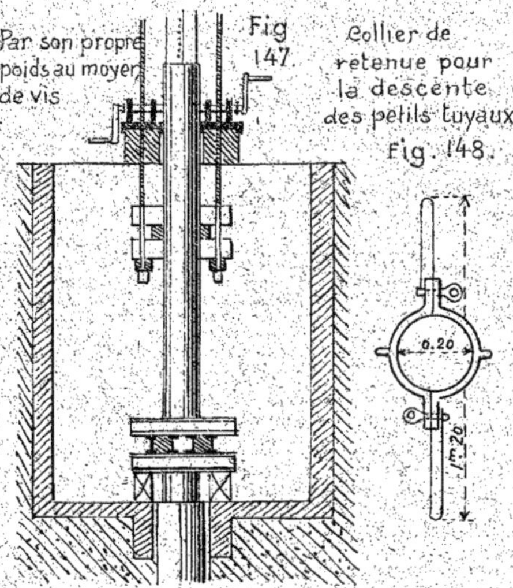

Enlèvement d'un tubage.

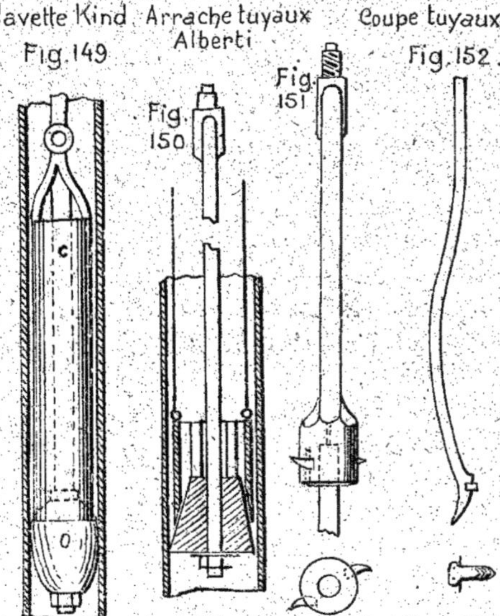

§. 244 _ Enlèvement du tubage.

Lorsque le sondage sert uniquement à l'exploration, il y a intérêt à l'enlever, à la fin de l'opération, afin de pouvoir le réemployer ailleurs.

La manière d'opérer variera suivant qu'il s'agira d'une colonne perdue ou entière.

Colonne perdue

Pour retirer les éléments de tube on pourra faire usage de la navette de Kind (fig. 149.)

Elle est constituée par une olive O de diamètre sensiblement égal à celui du tubage, surmonté d'un cylindre mobile C qu'on peut déplacer par un câble indépendant. Le cylindre est rempli de sable, en le soulevant par le câble le sable s'écoule entre l'olive et le tubage et augmentera l'adhérence entre ces deux corps.

de sorte qu'en faisant remonter l'olive on entraînera aussi le tubage.

L'arrache-tuyaux Alberti (fig. 150) est basé sur le même principe, l'olive étant remplacée par une pièce en forme de coin.

On peut également faire usage de crochets d'arrachage conçus sur le même principe que les élargisseurs.

Colonne entière. — Quand il s'agit d'un tubage complet, les outils précédents n'auraient pas la puissance suffisante pour enlever toute la colonne. On opérera alors en sens inverse de la façon dont a été faite la mise en place, c'est-à-dire qu'on agira sur la tête de colonne au moyen de colliers et de vis dans le sens d'extraction du tubage.

Il arrive souvent que la colonne se coince dans cette opération d'arrachage. On est obligé alors de couper la longueur du tubage; on utilise pour cela le coupe-tubes circulaire (fig. 151) qui porte 3 lames faisant saillie en tournant dans un sens, et s'effaçant naturellement si l'outil tourne en sens contraire. Le coupe-tubes simple (fig. 152) est de maniement plus délicat et moins efficace.

G. — Accidents du sondage.

Quel que soit le soin apporté à la bonne conduite d'un sondage, les accidents sont malheureusement assez fréquents et tels parfois qu'ils peuvent compromettre l'issue de l'opération. Les plus fréquents sont les coincements d'outils, les ruptures de tiges et les chutes d'objets métalliques dans le trou.

Nous allons indiquer les outils de sauvetage les plus généralement employés en cas d'accident. Mais on peut imaginer à l'infini un nombre considérable d'autres appareils. Chaque chef sondeur exerce à ce sujet son génie inventif, étant donné les inconvénients qu'il y a à reprendre un sondage à côté d'un autre qui n'a pu être continué en raison de la perte d'un outil.

§ 245 — Coincement d'outils.

On ne peut préconiser aucune méthode particulière. Les moyens mis en œuvre sont laissés à l'intelligence et à l'esprit d'initiative de celui qui conduit le sondage.

On essaiera de libérer l'outil, suivant les cas par ébranlements, rotations ou efforts de traction répétés.

§ 246 — Rupture de tiges.

Suivant la position où s'est produite la rupture, milieu ou extrémité d'une tige, on emploiera la caracole ou le cône taraudé.

Caracole — La caracole servira à remonter une tige cassée non loin de son emmanchement.

C'est un crochet en fer, de forme analogue à celle du pied de bœuf et muni d'une pointe recourbée destinée à accrocher la tige (fig. 153) quand on sent qu'elle a été touchée. En continuant à tourner la caracole, on vient engager le carré de la tige dans le fond de l'appareil de secours qui présente, lui aussi, une section carrée. On tire alors jusqu'à ce que la caracole vienne s'appuyer sur l'emmanchement de la tige, ce qui permettra de remonter l'attirail cassé. On remonte lentement, car il faut éviter que la tige ne s'échappe par suite d'une secousse, auquel cas il faudrait recommencer à nouveau des tâtonnements longs et difficiles.

Caracole
Fig 153.

Si la cassure de la tige s'est produite trop loin de l'emmanchement, en remontant la partie cassée avec la caracole, on aurait au-dessus de celle-ci un morceau libre de tige, ayant peut-être 6 à 8 mètres au plus, lequel viendrait se piquer dans les parois du trou de sonde et l'ensemble se trouverait ainsi coincé. Aussi vaut-il mieux dans ce cas faire usage du cône taraudé.

Cône taraudé. — Le cône taraudé ou cloche à écrou (fig. 154) permet de saisir la tige cassée par son extrémité supérieure. C'est un chapeau conique en acier à l'intérieur duquel se trouve un filetage robuste, prolongé par un entonnoir évasé.

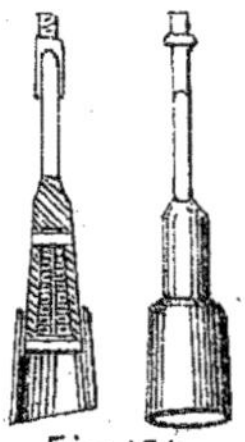

On cherche par tâtonnement à coiffer avec ce cône l'extrémité cassée de la tige. A cet effet, on visse l'outil à l'extrémité des tiges comme on y aurait vissé la caracole, et, lorsqu'on est parvenu à la profondeur de l'accident, le chef sondeur prend en main le manchon de manœuvre. Sitôt que le chef sondeur sent qu'il a coiffé la tige les hommes s'approchent pour visser le cône taraudé sur cette tige; on donne un peu de mou au câble pour permettre au cône de descendre à mesure qu'on le visse. Quand la prise des filets semble parfaite et suffisante, on remonte lentement l'appareil de sonde en dévissant sans choc chacune des tiges. Il faut opérer avec prudence et lenteur, car souvent on peut remonter seul le cône taraudé, de même qu'on remonte seule aussi la caracole, après avoir pourtant remonté et dévissé un nombre considérable de tiges, si le trou est très profond.

Fig. 154.
Cloche à écrou.

§.247 — Chute d'objets dans le trou.

Lorsque l'on perd des objets métalliques dans le fond du trou, il faut les enlever pour pouvoir continuer le sondage sans risquer d'avoir de coincement ou de rupture de trépan

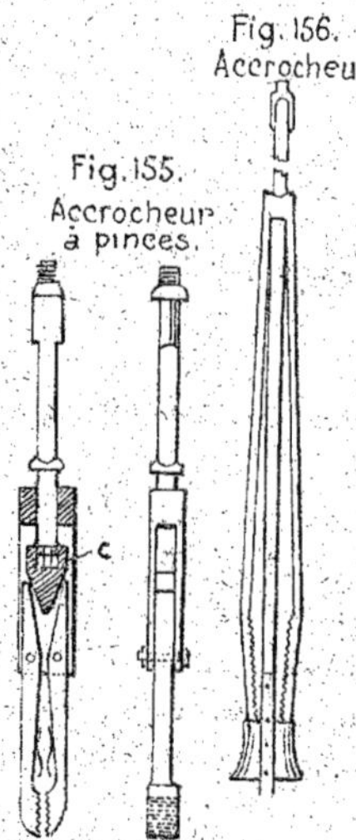

Fig. 155.
Accrocheur
à pinces.

Fig. 156.
Accrocheur.

à moins que l'objet soit de petite dimension, auquel cas on pourra essayer de le détruire en petits fragments au moyen de la dynamite.

Pour extraire les objets ainsi perdus, on peut essayer de les saisir directement avec un accrocheur à pince (fig. 155) dont les mâchoires s'écartent

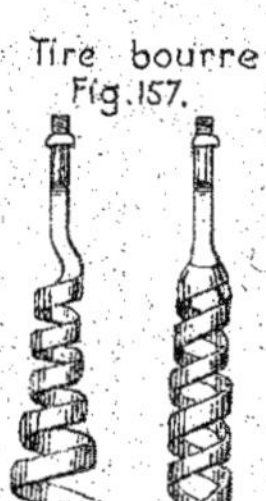

Tire bourre
Fig. 157.

quand on fait descendre le coin c par battage.

On peut aussi faire usage d'un accrocheur ordinaire (fig. 156) simple cage entre les barreaux de laquelle on cherche à faire pénétrer les objets cherchés.

Une autre méthode consiste à introduire de l'argile dans le fond du trou. On bourre cette argile en damant avec un pilon, de façon à enrober l'objet à remonter. On retirera ensuite le bloc d'argile enveloppant le fragment métallique au moyen du tire-bourre (fig. 157) sorte de tire-bouchon à 1 ou 2 lames.

Chapitre XIII — Sondage (Autres systèmes).

Nous allons étudier dans ce chapitre les divers systèmes de sondages en indiquant pour chacun d'eux les caractéristiques qui les différencient du système à chute libre à tiges de fer pleines décrit précédemment, pour tout ce qui concerne les outils, le corps de sonde, l'appareil à chute libre (s'il y a lieu) et l'engin de manœuvre.

Nous passerons donc successivement en revue le sondage à tiges pleines en bois, le sondage à tiges creuses et coulisse, le sondage à tiges creuses sans coulisse, le sondage à tiges fixes et bélier hydraulique, le sondage à la corde, le sondage par rotation au diamant, et le sondage par rotation à l'acier; nous terminerons en donnant les résultats obtenus avec ces divers systèmes.

A Sondage à tiges pleines en bois.
(Système Canadien)

Ce système de sondage, appelé sondage canadien, parce que c'est au Canada qu'il a surtout été employé pour les recherches de cuivre dans la région des lacs, est d'une installation facile. Comme matière première, il n'emprunte guère que le bois: aussi est-il d'une application aisée dans les pays neufs.

Les caractéristiques se trouvent dans la nature des tiges, de la tête de sonde et du chevalement.

§ 248 — Tiges.

Les tiges sont en bois; on prend, si possible du sapin de bonne qualité.

Le poids du corps de sonde se trouve ainsi considérablement allégé puisqu'il faut compter 0^k 120 en moyenne par mètre de tige et par centimètre carré de section au lieu de 0^k 780 avec les tiges en fer.

La longueur par contre ne peut être aussi grande que pour les tiges en fer à cause de la rigidité moins grande.

La section est rectangulaire — Elle peut devenir très grande pour un sondage un peu profond, car la résistance du bois est moins grande. Pour le sapin, la charge dans le sens des fibres ne doit pas dépasser 0^k 97 par millimètre carré.

L'assemblage des tiges entre elles est obtenu en munissant les tiges de ferrures à leurs extrémités (fig. 158 page 146) une des ferrures porte un filetage, l'autre un écrou; l'assemblage est donc à vis comme à l'ordinaire. De plus ce dispositif d'armatures métalliques a l'avantage de consolider les tiges et de leur donner de la rigidité.

Malgré cela la nature même des tiges ne permet pas de choisir ce système de sondage, quand on a à envisager des profondeurs de plusieurs centaines de mètres.

Fig. 158

§. 249 — Tête de sonde.

Une autre particularité du sondage canadien est la façon dont on obtient l'allongement du corps de sonde.

L'avancement est obtenu à l'aide d'une chaîne (fig. 159) qui relie le corps de sonde à une roue à rochet R solidaire du levier de battage. La chaîne qui a tendance à descendre par son propre poids et par celui des tiges est retenue par le cliquet de la roue R qui empêche celle-ci de tourner. Il n'y a qu'à agir sur ce cliquet pour faire descendre la chaîne d'un ou plusieurs maillons.

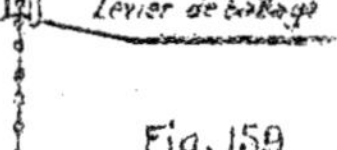

Fig. 159.

§ 250 — Chevalement.

Ainsi que nous l'avons déjà dit, le chevalement est tout en bois. Il est de plus très simplifié comme construction et présente les formes que nous indiquerons pour le sondage à la corde.

De plus les leviers de commande sont rassemblés sous la main du chef sondeur ce qui facilite et abrège les manœuvres.

B. Sondage à tiges creuses et coulisse.

B. — Sondage à tiges creuses et coulisse.
(Systèmes Fauvel et Fauck).

Ce système permet le curage continu du trou de sonde au moyen d'une circulation d'eau à travers les tiges creuses.

Dans le système Fauvel (1826) l'eau descend par les tiges et remonte par l'espace annulaire compris entre le corps de sonde et les parois du trou.

Dans le système Fauck plus récent, l'eau arrive par l'espace annulaire et remonte par les parois.

Dans les deux cas on [...] un procédé [...] et [...] que pour maintenir propre le fond du trou et entraîner au de hors les boues de curage.

Voyons donc comment on obtient la circulation d'eau et quelles sont les modifications qui en résultent pour le trépan, les tiges, la coulisse, la tête de sonde et l'organe moteur.

§ 251 — Trépan.

Il faut que l'eau arrive aussi près que possible du fond du trou pour avoir un curage complet. Les trépans devront donc être percés à leur extrémité.

Pour le sondage Fauvel on fait usage de trépans indiqués à la figure 160.

Pour le sondage Fauck le dispositif est celui de la figure 161.

Plus les orifices d'entrée ou de sortie de l'eau sont voisins du taillant du trépan, meilleur est le curage car l'on est sûr alors que l'eau passe au fond même du trou.

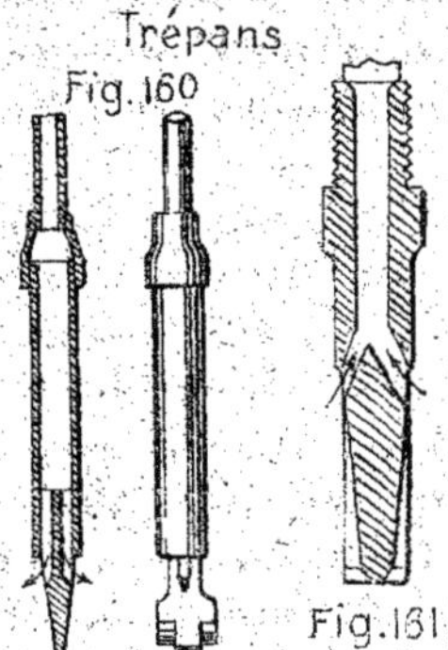

§ 252 — Tiges.

Les tiges sont des tubes en fer creux. L'assemblage doit être étanche pour éviter les fuites et les court-circuits dans le courant d'eau.

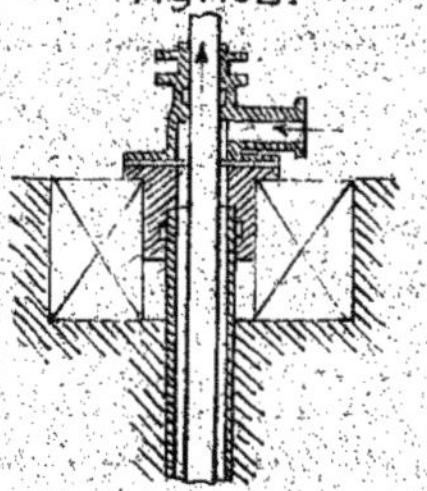

Le diamètre dépend de la profondeur du sondage. Il est en général plus faible dans le système Fauvel, puisque les tiges ne servent qu'à l'injection d'eau pure.

Au contraire dans le système Fauck (fig. 162) l'eau pure arrive à l'extérieur de la tige, entre celle-ci et le tubage, la section de cet espace annulaire est plus grande que la section intérieure des tiges; il en résulte que la vitesse du courant d'eau ascendant est plus grande que celle du courant descendant, et par suite ce courant peut remonter des morceaux plus gros. On est donc conduit, pour rendre possible le passage de ces fragments à travers les tiges, à augmenter le diamètre de celles-ci. Cependant il ne faudrait pas trop augmenter ce diamètre, car on risquerait alors d'avoir un courant ascendant de vitesse trop faible pour entraîner les débris un peu gros.

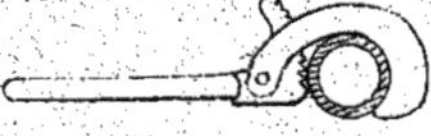

Fig. 163. Clef de montage des tiges creuses.

Le montage des tiges se fait avec une clef de forme spéciale (fig. 163) prenant appui sur toute la section de la tige, de façon à avoir une égale répartition des efforts et à éviter l'écrasement des tubes dans les manœuvres d'assemblage des tiges les unes sur les autres.

§ 253 — Coulisse.

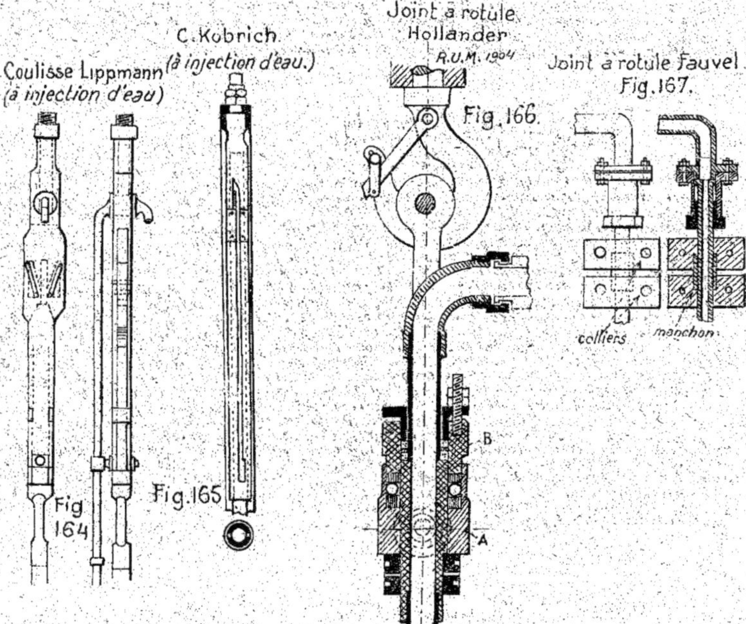

§. 253 — Coulisse.

Le sondage à tiges creuses avait donné de bons résultats, mais on était obligé de faire le battage avec le corps de sonde tout entier, l'interposition d'un appareil à chute libre nécessitant la suppression de la circulation d'eau. Aussi le procédé resta-t-il longtemps limité en profondeur, à 250 mètres au maximum. Mais on chercha bientôt à adapter la méthode des tiges creuses à des sondages à grande profondeur, surtout quand la modification Fauck vint donner une nouvelle vogue au système.

C'est ainsi que l'on fut conduit à faire usage de coulisses spéciales, coulisse Lippmann (fig. 164) coulisse Köbrich (fig.

165 page 149), à injection d'eau et dont le principe consiste à établir une communication entre les deux extrémités de la coulisse au moyen d'un tuyau latéral ou d'une enveloppe cylindrique dans laquelle circule le courant d'eau.

§ 254 — Tête de sonde.

Un autre problème posé par la circulation continue de l'eau dans les tiges est la connexion de la tête de sonde avec le tuyau d'injection d'eau (système Fauvel) ou le conduit d'évacuation des boues (système Finck). En effet il ne faut pas oublier que la colonne de tiges subit un mouvement de rotation continuel que lui imprime le chef sondeur pour faciliter le battage du trépan dans toutes les directions et pour faire descendre progressivement la vis de la tête de sonde de façon à maintenir constante la hauteur de frappe du trépan.

La question est résolue par l'emploi de joints à rotules plus ou moins compliqués : joint Hollander pour le sondage Finck (fig. 166 page 149), joint Fauvel (fig. 167 p 149) pour le sondage du même nom.

§. 255 — Organe moteur.

Enfin il faut remarquer que l'organe moteur doit actionner, outre le levier de battage une pompe qui fournira la pression nécessaire à la circulation de l'eau.

Dans certains cas où l'on aura à sa disposition une canalisation sous pression suffisante, on pourra se passer de pompe de circulation.

C — Sondage à tiges creuses sans coulisse.
(Systèmes Raky et similaires)

Malgré l'adaptation de coulisses à chute libre au sondage par tiges creuses on ne pouvait descendre à de grandes profondeurs, les joints des coulisses n'étant jamais étanches et laissant perdre toujours une certaine quantité de l'eau d'injection. Aussi pour atteindre ou dépasser 6 à 700 mètres a-t-on été conduit à remplacer les coulisses de battage par un mode de suspension élastique du corps de sonde.

C'est là le point caractéristique du système Raky et des systèmes plus ou moins similaires.

De plus dans le système Raky, par un procédé ingénieux de descente des tiges on a pu réaliser de grandes vitesses de marche. L'avancement étant grand, les parois du trou de sonde ont peu de temps pour se désagréger, la longueur du tubage à poser doit donc être réduite, et par suite le sondage pourra commencer avec un diamètre initial plus faible que dans le système Fauvel ou Fauck.

Les particularités du système portent donc sur le levier de battage, l'organe moteur, le battage, l'avancement des tiges de sonde, le curage, et l'échantillonnage; nous allons les indiquer successivement et nous donnerons quelques chiffres concernant une installation de sondage Raky.

§ 256 — Levier de battage.

Le trépan étant relié directement aux tiges, il faut éviter les vibrations et les fouettements qui tendent à prendre naissance dans le corps de sonde, par suite du battage, ainsi que la répercussion sur l'organe moteur.

Dans le système Raky on y parvient au moyen de la suspension élastique du levier de battage sur son point d'appui. L'axe de rotation d, du levier de battage a (figures 168 a et 168 b p. 152) est supporté par la traverse e, laquelle repose sur la traverse f par l'intermédiaire de ressorts à boudin i, cette traverse f est elle-même supportée par des ressorts i_1 prenant appui sur une traverse h qui est fixe et reliée par le chassis d au chevalement.

Il se trouve ainsi que le trépan, la colonne de tiges, la tête de sonde s et le balancier a forment un ensemble qui tombe en chute libre. Le choc du trépan au fond du trou

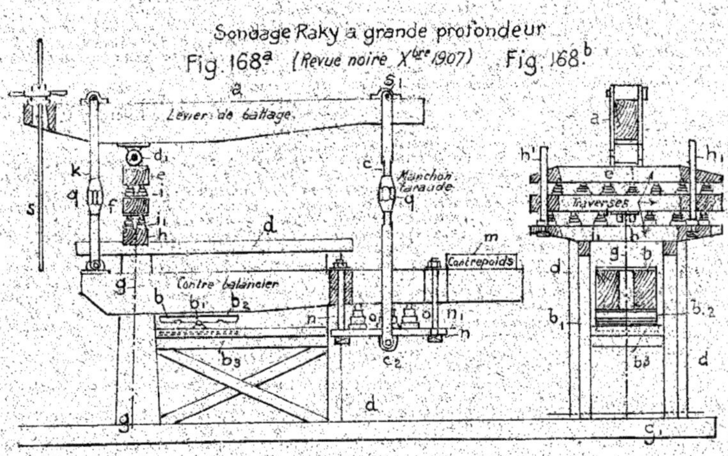

de sonde produit l'oscillation des ressorts i et i_1 qui absor-
bent les vibrations sans les transmettre au bâtis d solidaire du chevalement.

    Le balancier est relié à un contre-balancier b à tou-
rillon mobile b_1 par l'intermédiaire de 2 bras articulés k
et c dont le dernier c n'agit qu'indirectement au moyen
de la pièce n et des ressorts o. On évite ainsi la transmission des vibrations du balancier au contre-balancier et
par suite à l'organe moteur. Les manchons taraudés q
permettent de raccourcir ou d'allonger les bras k et c
suivant la position du tourillon mobile b_1 et de l'axe de
rotation d_1 du balancier (ainsi que nous le verrons plus
loin.)

§ 257 — Organe moteur.

(Dans le système Raky entre l'interposition des
ressorts o de liaison entre le balancier et le contre-balancier

Balancier à commande élastique, Syst. Lippmann

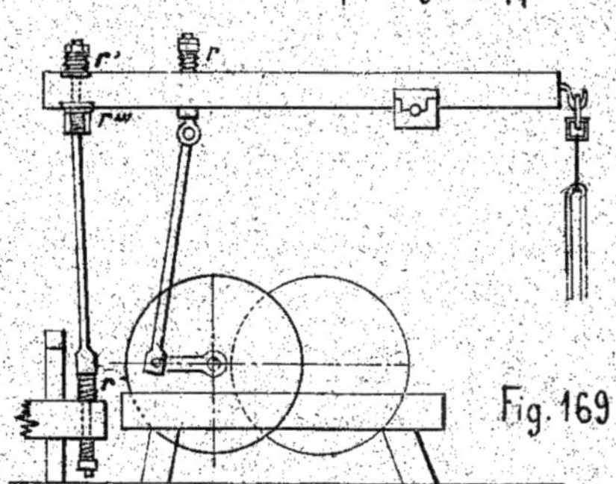

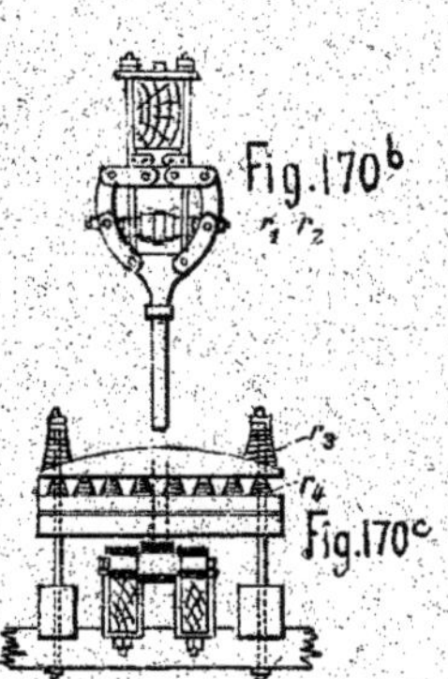

Balancier à commande élastique, Syst. Tiefbohr Akt.-Gesellschaft
G.A. 1905 . N° 42

Fig. 170 a

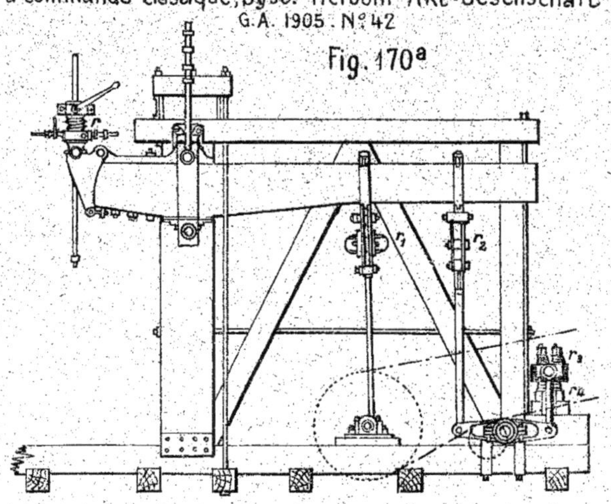

on évite les vibrations sur l'organe moteur, par le désassemblage automatique du contre-balancier et de l'appareil moteur à la fin de
la course descendante du trépan ; ce désassemblage est obtenu
par la détente, à ce moment, de la courroie du moteur tendue
par un galet.

Dans les systèmes plus ou moins similaires au système
Raky, on supprime les vibrations sur le moteur par l'emploi
de balancier à commande élastique.

Ainsi dans le système Lippmann (fig. 169) un ressort
r est intercalé entre la bielle et le levier de battage, en même
temps que des ressorts r', r'', r''' amortissent les oscillations
du balancier lui-même.

Dans le système de la Tiefbohr Aktien-Gesellschaft
(fig. 170 a, b, c p. 153) des ressorts r_1 et r_2 de forme spéciale
sont interposés entre le balancier et la bielle d'une part, et entre
le balancier et un contre-balancier supporté lui-même par des
ressorts à boudins r_3 et r_4 sur le bâti d'autre part.

§.258 _ Battage.

Le coup de trépan étant donné avec toute la tige de sonde et le balancier, la force-vive des masses en mouvement est
bien plus grande que dans le système ordinaire à chute libre.
Il suffira donc d'une hauteur de chute bien moindre pour
avoir le même effet d'attaque.

De plus la coulisse ayant disparu, il n'y a pas à
raccrocher l'outil, et par suite chaque mouvement de descente de la sonde peut être utilisé au battage ; il n'y a donc
pas de temps perdu. On aura donc une vitesse de battage
plus grande.

En pratique il en résulte que :
la hauteur de chute est de 15 à 25 $^m/_m$ au lieu de 50 à 80 $^m/_m$
la vitesse de frappe est de 80 à 100 coups à la minute
au lieu de 40 à 50.

§.259 _ Descente des tiges.

§ 259 — Descente des tiges.

Dans le sondage Raky l'avancement est progres-
sif et solidaire pour ainsi dire de la pénétration du trépan
dans le terrain. Chaque tige
descend peu à peu de toute
sa longueur, sans qu'il soit
nécessaire d'avoir des rallonges.

    À cet effet la tige est en-
chassée dans deux colliers à
charnières qui se trouvent
superposés (fig. 171 a et b).
Dans ces colliers se place
une bague de friction en
deux pièces, qui peut être mise
en contact avec la tige au moyen d'une manette, visible
sur la figure. Entre les colliers
se trouvent quatre ressorts
formant joint élastique et
dont le jeu de 15 millimètres
correspond à la quantité dont
on laisse descendre l'appareil de sonde, quand on lâche la
manette de serrage.

Dispositif de descente des tiges
Fig. 171ᵃ

Ressort.

Fig. 171ᵇ

    Lorsqu'on arrive au raccord de 2 tiges on ne pourrait
faire la descente continue de la tige, à cause du manchon de rac-
cord. On descend alors tout le système, tiges de sonde et balancier de la hauteur nécessaire, on fait reposer la colonne de sonde sur le fond du trou, on défait les colliers et on les remonte
au-dessus du manchon; après quoi on rétablit le serrage autour
de la tige supérieure. La descente du balancier est obtenue
par l'abaissement du tourillon d, (fig. 168) en agissant sur
les manchons taraudés g ; le raccourcissement des tiges k de
comprime les ressorts i et i, et abaisse les traverses e et f
par rapport aux guides h, ce qui fait déplacer l'axe de rotation d, et par suite tout le balancier a vers le bas.

§ 260 _ Curage.

Le curage est réalisé comme dans tout système à tiges creuses par un courant d'eau continu, descendant par les tiges et remontant à travers l'espace annulaire compris entre les parois du trou et le corps de sonde. Nous n'insisterons pas sur les dispositifs que nous avons déjà décrits à propos des systèmes Fauvel ou Fauck.

§ 261 _ Echantillonnage.

L'inconvénient du curage par courant d'eau est que l'on est très mal renseigné sur la nature des terrains traversés. Il se forme en effet une boue argileuse dans laquelle il est difficile de reconnaître les fragments des couches traversées. De plus cette boue attaque et désagrège les parois sur toute la hauteur du trou, et si par exemple l'eau qui sortira du sondage est sableuse, on ne saura dire si ce sable vient du fond du trou ou d'un niveau quelconque.

Aussi pour remédier à cet inconvénient, est-on obligé de faire des prises de carottes au moyen d'une couronne de diamants animée d'un mouvement rapide de rotation.

L'opération de l'échantillonnage nécessite donc un changement complet dans la méthode de sondage, puisqu'il faut exécuter un véritable sondage au diamant, sur une faible hauteur il est vrai, mais ce qui oblige, cependant, à avoir une complication d'outillage assez grande.

C'est pourquoi le sondage Raky n'est réellement pratique que si l'on a en vue un avancement rapide sans chercher à obtenir une coupe géologique exacte et complète de tous les terrains traversés ; c'est-à-dire lorsqu'il s'agit de forer un trou rapidement et à grande profondeur dans un sol déjà connu.

§ 262 _ Exemple d'installation

Nous fournirons ici, à titre d'exemple, les données concernant trois sondages Raky, exécutés il y a une vingtaine d'années aux mines de houille d'Aubin (Aveyron) par la Société des Aciéries de France.

Chevalement en fer : hauteur : 18 mètres

Tiges creuses en fer ___ { diamètre : 30 à 75 millimètres / longueur : 5 à 10 mètres / poids : 12 kilogrs. le mètre courant

Tubes en tôle de fer ___ épaisseur 2 à 5 millimètres

Trépan et sa tige de surcharge : poids variant de 300 à 1800 kilogs.

Battage : ___ { hauteur de chute 10 à 50 m/m / vitesse de frappe 80 à 120 coups à la minute

Moteur : ___ { commandant le levier de battage et les treuils de manœuvre

Curage : ___ { Injection d'eau à 8 atmosphères par pompe / Consommation moyenne journalière 5 mètres cubes.

Echantillonnage : ___ { Vitesse de la couronne diamantée 100 tours à la minute

	Sondage 1	Sondage 2	Sondage 3
Nombre de jours de marche	154	78	135
Profondeur atteinte	493^m	544^m	423^m
Avancement moyen journalier	3^m,20	6^m,97	3^m,13

Prix de revient du mètre ___ { de 0 à 100 mètres 70 francs / de 100 à 200 " 90 / de 200 à 300 " 100 " / de 300 à 400 " 115 " / de 400 à 500 " 135 "

Les chiffres du prix de revient seraient à multiplier par 5 ou 6 au moins, pour avoir la valeur actuelle.

Les terrains traversés étaient une alternance de couches de grès, de schiste et de grès dur.

L'ensemble de l'installation d'un de ces sondages peut

être représenté schématiquement par la figure 172 ci-dessous.

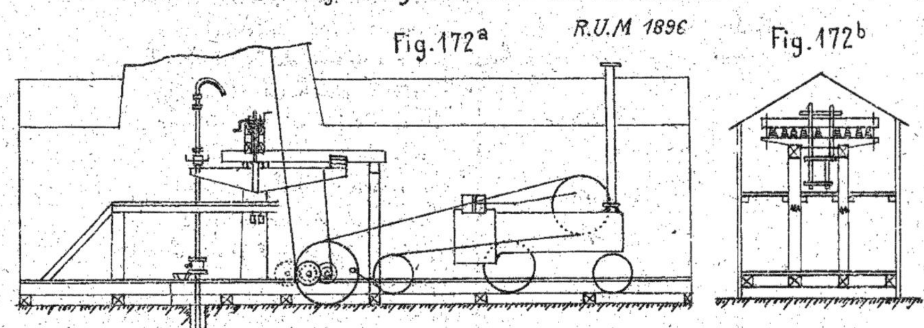

D.— Sondage à tiges fixes et à trépan hydraulique
(Système Wolski)

Un autre procédé de sondage à tiges creuses consiste à maintenir les tiges fixes en assurant la commande du trépan au moyen de l'eau sous pression. Voyons les particularités en résultant pour le trépan et pour le corps de sonde.

§. 263 — Trépan.

La commande de l'outil d'attaque du terrain est fondée sur le principe du bélier hydraulique.

L'eau qui arrive par la colonne de tiges (fig. 173 p. 159) passe entre la soupape o et son siège et s'écoule par les orifices r dans le trou de sonde. La soupape o est maintenue écartée de son siège par un petit ressort. Si l'on augmente progressivement la vitesse de l'eau dans la colonne l'écoulement par les orifices r deviendra plus rapide et l'eau entraînera la soupape o contre son siège. La circulation se trouvant interrompue, un coup de bélier se produit dans la colonne des tiges. Ce coup de bélier a pour résultat de déplacer vers le bas, le trépan suspendu par le ressort r''. Comme la partie A forme réservoir d'air, il en résulte en même temps une compression de l'air qui s'y trouve, lequel se détend par vibration; ce qui provoque un mouvement de battage du trépan, plusieurs fois répété par suite des oscillations du ressort r''.

Mais en même temps, sous l'influence du coup de bélier, le grand piston s' s'est déplacé en comprimant son ressort et il est venu découvrir les ouvertures r' au bout d'un certain temps seulement (par suite de la longueur de la course et de la compression du ressort) pendant lequel se produit le mouvement de battage du trépan. Lorsque les orifices r' sont découverts l'eau peut de nouveau s'écouler à l'extérieur, la surpression disparaît, de sorte que la soupape s s'ouvre à nouveau et le piston s' revient à sa position primitive, tous deux sous l'influence de leurs ressorts.

Les choses se passeront de même à la prochaine augmentation de vitesse du courant d'eau.

On arrive ainsi à battre un grand nombre de coups à la minute. Il suffit d'avoir sur la conduite d'alimentation d'eau venant de la pompe un dispositif automatique faisant varier le débit périodiquement.

Le procédé a été employé en Galicie pour les forages de puits pétrolifères.

§ 264 — Corps de sonde.

Le corps de sonde sera de construction plus facile, puisqu'il est constitué par un tubage fixe devant résister seulement à la pression du courant d'eau d'injection.

Le curage est continu, comme dans tous les systèmes à tiges creuses, grâce au nettoyage du trou de sonde par l'eau même qui sert à la commande du trépan.

Si l'on veut prendre des carottes, il faut tout un dispositif spécial pour la couronne diamantée, les tiges fixes ne pouvant servir.

E — Sondage à la corde.
(Systèmes Chinois et Américain)

Le sondage à la corde est le plus ancien des systèmes de sondage.

Il s'installe à peu de frais; il comporte des organes simples, et permet d'atteindre pourtant de grandes profondeurs.

Employé depuis longtemps par les Chinois dans la province de Se Tchouen il donne une bonne rapidité dans des conditions favorables (terrains horizontaux), quoique exposant à des dangers plus considérables (déviations, accidents peu réparables).

Il a pris un grand développement en Amérique pour les recherches de pétrole.

Il est constitué des mêmes organes que le système ordinaire décrit au chapitre précédent, avec remplacement des tiges de fer pleines par une corde ou un câble métallique. Il en résulte certaines modifications que nous allons indiquer pour le trépan, le corps de sonde, la tête de sonde et le chevalement.

§ 265 — Trépan.

Le corps de sonde étant flexible, aucun guidage n'est possible pour lui. Il faudra donc assurer le guidage de la masse percutante elle-même. On y arrivera en augmentant le poids du trépan et surtout en allongeant beaucoup sa forme. C'est pour réaliser cette condition qu'on a souvent employé des trépans ayant plus de 10 mètres de long.

Malgré cela, il arrive que l'outil dévie et l'on n'est jamais assuré avec ce système de sondage que le trou sera bien rond et bien vertical.

§ 266 — Corps de sonde.

Le corps de sonde n'est plus rigide comme dans les systèmes précédemment envisagés.

Dans le système Chinois il est formé d'une corde plate en matière végétale, chanvre généralement.

Dans le système Américain la corde est ronde et constituée par un câble métallique.

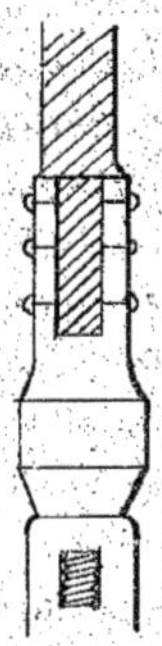

Dans les deux cas le corps de sonde présentera une élasticité plus ou moins grande, de sorte que dans le mouvement de battage, l'amplitude du déplacement du balancier pourra être diminuée, la hauteur de chute du trépan restant cependant suffisamment grande — (Quand la profondeur est assez grande cette hauteur de chute peut en effet être de 5 à 6 fois la course du levier de battage).

Fig. 174

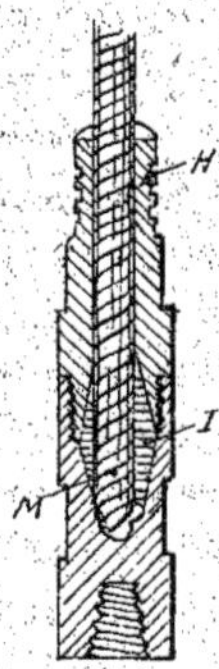

Fig. 175. Attache du câble.

La masse pesante de l'outil d'attaque se mettra à tourner dans un sens puis dans l'autre, par suite de la torsion de la corde ou du câble, ce qui accroît le manque de justesse de la frappe et augmente l'influence néfaste de l'absence de guidage.

L'attache de la corde avec le trépan se réalise de différentes manières.

Avec une corde plate on peut réaliser la liaison de la fig. 174, en

insérant la corde entre deux brides d'une pièce surmontant le trépan, et
en l'y fixant au moyen de rivets.

Dans le cas d'un câble métallique, on emploiera le dispositif de la fig. 175 (p. 161) insertion du câble dans une gaîne de serrage
H et coincement dans la cavité M au moyen d'un garnissage I en
métal mou.

§ 267 — Tête de sonde.

La tête de sonde devra permettre l'allongement progres-
sif de la sonde. Le dispositif le plus pratique sera la tête de
sonde à vis (fig. 176 p. 163)

Le câble est enserré entre 2 mâchoires M que l'on peut
rapprocher au moyen d'une forte vis de pression P. Ces deux mâchoires sont supportées par une longue vis V dont l'écrou est relié
par sa partie supérieure E au levier de battage, une manette de
serrage S permet d'immobiliser la vis dans une position quelconque
par rapport à son écrou.

On fait descendre la vis à mesure que le trépan pénètre
dans le terrain. La disposition de cette vis est telle que l'appareil
peut revenir automatiquement à sa position initiale, quand il
est parvenu à la fin de sa course, laquelle est en général de
1^{m}25. Il suffit alors de desserrer les mâchoires M et de laisser
filer une longueur équivalente de câble.

On voit que par ce procédé l'allongement est obtenu
d'une manière absolument continue, sans l'auxiliaire d'aucune
rallonge comme cela avait lieu dans le système par tiges rigides

§ 268 — Chevalement.

Toute l'organisation du sondage étant simplifiée, on cherche à réduire le chevalement à sa plus simple expression.

Dans certains cas on arrivera ainsi à n'avoir qu'un
simple mât en bois portant une poulie (fig. 177 p. 163)

Pour des profondeurs plus importantes on aura alors des
chevalements en "derricks" tout en fer, démontables et transporta-
bles. Les montants pourront former le châssis d'un chariot qu'on

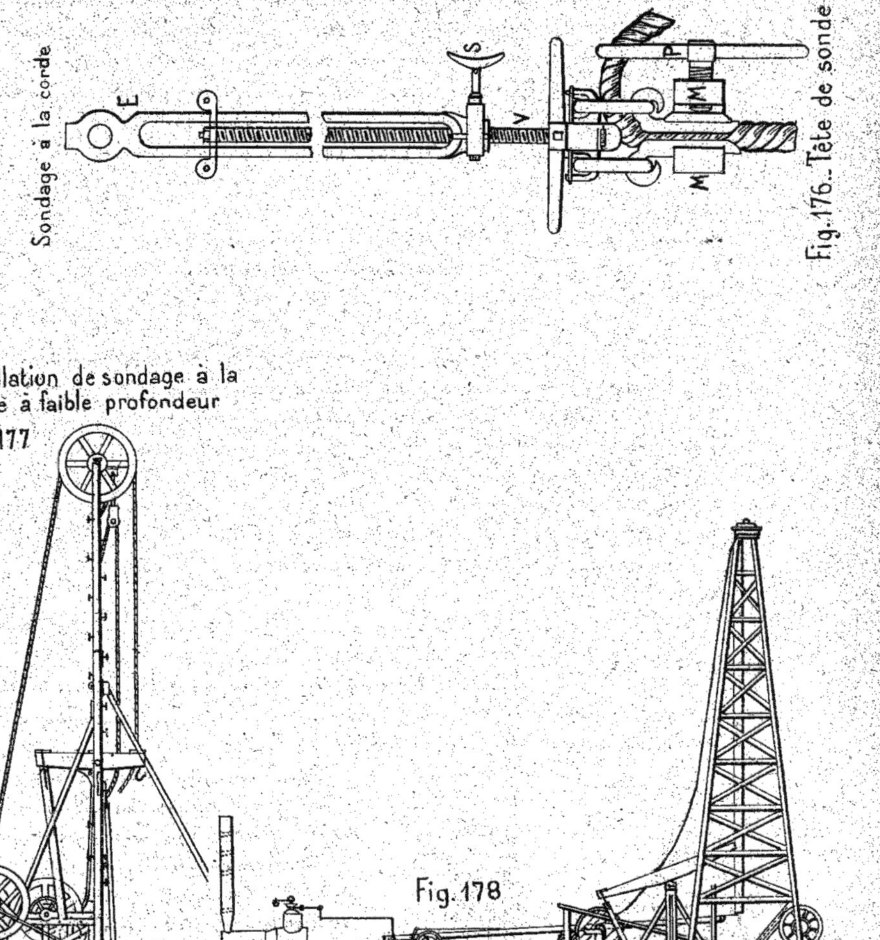

Fig. 176.—Tête de sonde

munira de roues, et l'on aura ainsi une sorte de tricycle plus ou moins facile à conduire jusqu'au point d'utilisation.

Ce dispositif de derrick est souvent adopté pour les sondages de pétrole : on éloigne alors la chaudière et le moteur du trou de sonde, afin d'éviter les risques d'incendie, et on installe un renvoi par bielle en bois ou par câble pour commander le levier de battage (fig. 178 p. 163)

F — Sondage au diamant.
(Systèmes Sullivan et autres.)

Le sondage au diamant diffère de tous les systèmes décrits jusqu'ici par le principe même de l'attaque du terrain. C'est en effet un sondage par rotation, dans lequel le rodage du terrain se fait au moyen d'une couronne diamantée, avec circulation d'eau.

Les points que nous envisagerons seront les outils d'attaque et d'échantillonnage, le corps et la tête de sonde, l'organe moteur les résultats obtenus avec ce système.

§ 269 — Outil d'attaque

L'origine du sondage par diamant vient de l'idée de Leschot de forer les trous de mines pour explosifs au moyen de diamants noirs.

L'outil d'attaque, appelé bit (fig. 179ª et 179ᵇ) est une couronne circulaire en acier que l'on visse à l'extrémité d'une tige creuse.

Les diamants sont disposés sur les bords, alternativement vers l'extérieur et vers l'intérieur, en faisant saillie.

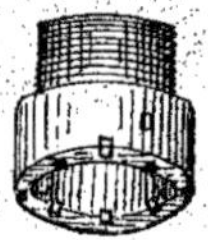

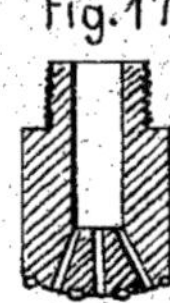

Les diamants utilisés sont de la variété carbon ou bortz, de formes irrégulières, pesant environ deux carats (1 carat = 0ᵍ.205) valant avant-guerre de 120 à 150 francs le carat. Ils proviennent en général, du Brésil. Malgré leurs clivages peu accentués, ils usent les roches à cause de leur dureté, même quand ils agissent par les faces et non par les arêtes, ce qui est leur orientation normale.

Étant donné le prix élevé de ces pierres, chaque couronne n'en comporte pas plus de huit. Elles sont placées dans des logements pratiqués dans l'acier de la couronne, où on les fixe en rabattant le métal. Quelquefois on les mate en y mettant des feuilles de cuivre. Le sertissage peut aussi se faire en enrobant chaque diamant dans une alvéole d'acier que l'on trempe très dur et qui se visse dans la couronne de sondage au moyen d'une queue en acier filetée.

Le bit présente diverses ouvertures ménagées entre les diamants pour l'arrivée de l'eau d'injection.

On imprime à la couronne un mouvement rapide de rotation, 2 à 300 tours par minute, pouvant même aller jusqu'à 600 tours lorsqu'on n'a pas à craindre d'accident dans la transmission.

De plus l'outil d'attaque doit être appuyé sur le fond du trou de sonde, pour que le rodage s'effectue bien et avec une pression variant suivant la résistance de la roche. Cette pression est obtenue par le poids même de la tige de sonde que l'on modifie au besoin avec des contrepoids, ou bien par l'eau d'injection, ainsi que nous le verrons plus loin.

§ 270 = Outil d'échantillonnage.

L'échantillonnage se fait d'une façon continue, la carotte étant constituée par le terrain même enlevé par le bit.

En effet le bit est vissé à l'extrémité d'un tube spécial appelé tube carotier, ayant un diamètre voisin de celui du trou de sonde, une épaisseur de 5 à 6 millimètres et une longueur de 3 à 20 mètres.

Fig. 180

Cossette

Bit

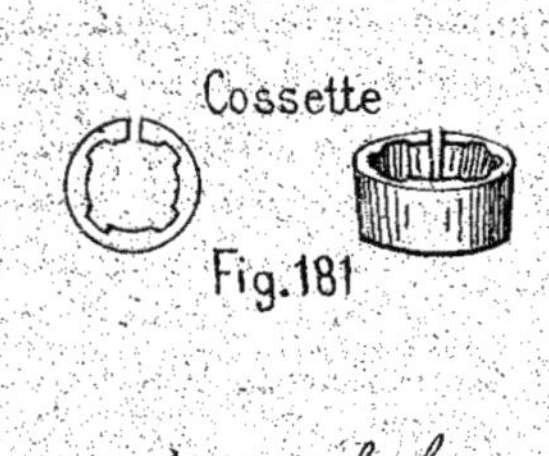

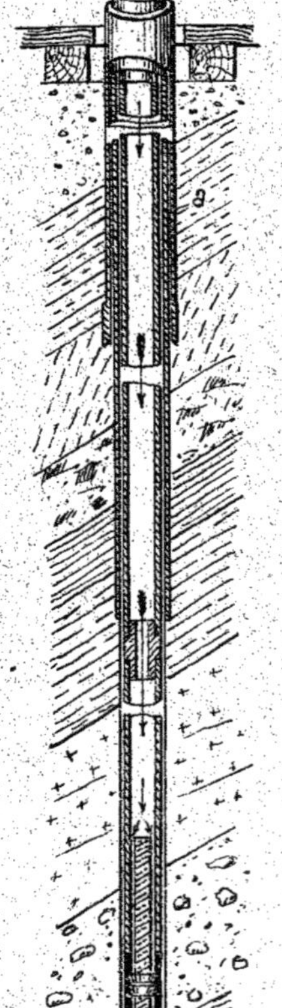

Grâce à la forme circulaire de l'outil creux, on retire dans le tube carottier des cylindres de roches ou de terre, qui sont des carottes donnant une indication absolument exacte et précise de la succession des couches souterraines et de leurs épaisseurs respectives.

Actuellement aux États-Unis, on réduit la longueur des carottes à un mètre vingt (1m 20). Quand la carotte remplit le tube, on soulève l'appareil de sonde et on lui imprime brusquement un mouvement en sens inverse de la rotation. La carotte se cisaille à la base, et pour éviter qu'elle tombe dans le trou, on la retient par la cossette (fig. 181) C'est un anneau tronconique portant des rainures et pouvant se déplacer dans une bague également tronconique. Quand la couronne travaille, la carotte pénètre dans le tube en effaçant les nervures; au contraire, dès que le mouvement cesse, la carotte retenue coincée par la cossette, peut être remontée et retirée tout entière.

§ 271 — Corps de sonde.

Le corps de sonde est constitué comme dans les autres systèmes à tiges creuses. Ce sont des tubes en fer de plusieurs mètres de longueur et de quelques millimètres d'épaisseur.

Ils sont vissés les uns aux autres, ou assemblés au moyen d'un manchon. Ils doivent pouvoir résister à la torsion qui peut devenir importante lorsque la profondeur, ou la vitesse de rotation augmentent.

L'emploi des tiges creuses allège la colonne de sonde, augmente la résistance à la torsion et permet la circulation d'eau. Ce courant liquide nettoie et maintient constamment à vif la roche attaquée par la couronne de diamants, tandis que la carotte reste indemne à l'intérieur du tube carottier.

La figure 182 (page 166) montre l'ensemble du corps de sonde d'un sondage au diamant. Un premier tube guide a a été enfoncé jusqu'à une certaine profondeur pour amorcer le trou puis on a posé le tubage b, à l'intérieur duquel se trouve la colonne de tiges creuses c. L'eau d'injection descend par c, et dans le bas du corps de sonde elle passe dans l'espace annulaire compris entre la tige de sonde et le tube carottier; elle arrive ainsi jusqu'à la couronne diamantée, où elle sort par les ouvertures ménagées entre les diamants, pour nettoyer la surface attaquée et remonter entre le corps de sonde c et le tubage b.

§ 272 — Tête de sonde.

Pour le sondage au diamant l'avancement est réglé de différentes manières, suivant qu'il s'agit d'appareils du système allemand, ou du système américain. Les appareils allemands sont à couronne de grand diamètre et les appareils américains à couronne de faible diamètre.

Dans les systèmes allemands, c'est un câble qui permet la descente progressive de l'appareil de sonde. Ce câble est en général celui qui sert à la manœuvre. On équilibre son

mouvement à l'aide d'un contrepoids, dont on règle l'avancement
de diverses manières suivant les brevets d'appareils.

Systèmes américains — La descente de l'appareil de
sonde est réalisée par un embrayage à engrenages ou par un dispositif à pression hydraulique.

1° — La commande par engrenages est employée surtout
quand il s'agit de sondeuses devant aller à de faibles profondeurs. La force est transmise de
l'axe du moteur par deux pignons
d'angle à un axe secondaire, à chaque extrémité duquel se trouvent
deux groupes d'engrenages. Le premier met en marche une vis différen-
tielle qui donne l'avancement, il
n'est fixé que par un ressort comprimé dans une gaine qui appuie
l'une contre l'autre deux rondelles
de cuir. Tant qu'une certaine pression n'est pas dépassée, ces rondelles s'entraînent et le système est
solidaire; dès qu'on la franchit
elles glissent l'une sur l'autre et
c'est alors l'autre système d'engrenage, fixe jusqu'alors, qui donne
la rotation, mais sans avancement.
(fig. 183)

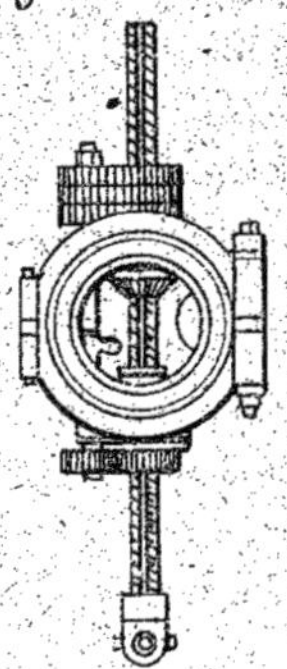

On serre plus ou moins le ressort de réglage suivant
la dureté de la roche. Quand le manchon parallèle à l'axe
secondaire est à bout de course, on desserre le collier de serrage et le manchon remonte par la rotation même; on resserre
et il repart.

Quand les profondeurs à atteindre deviennent plus
grandes, il est encore plus nécessaire de faire varier la vitesse
d'avancement en proportion avec celle de rotation. Le chef
sondeur doit pouvoir régler à son gré l'effort de pénétration de son
appareil dans la roche. On emploie alors un double engrenage

et même un triple engrenage. En embrayant les uns ou les autres, on peut réaliser des vitesses différentes, comme on le fait avec les voitures automobiles. Mais l'embrayage ne se fait jamais sans des chocs nombreux.

Ce sont là les caractéristiques du système à avancement différentiel Bullock-Sullivan.

2º — La commande hydraulique est préférable; la pression hydraulique étant le seul agent de force vraiment rationnel, car il allie l'élasticité à la puissance de l'effort. Dans le système Sullivan (fig. 184) le manchon qui constitue la tête de l'appareil de sonde est relié à un piston qui se meut dans un cylindre à pression hydraulique. La pression a lieu tantôt dans un sens, tantôt dans l'autre, afin d'appuyer sur les tiges ou de les soulever quelque peu. Pour admettre l'eau sous pression dans deux sens différents, on a disposé de chaque côté du cylindre des clapets. Les clapets de droite servent à l'admission; ceux de gauche à l'échappement. Si, par exemple, le clapet supérieur de droite est ouvert en même temps que le clapet inférieur de gauche, la pression s'exerce sur la face supérieure du piston, et l'appareil de sonde descend.

On peut même si l'on veut, faire varier la pression hydraulique au moyen d'un dispositif spécial placé sur le cylindre hydraulique, dans le but d'augmenter la vitesse de découpage de la couronne diamantée.

§.273. Organe moteur.

Les Ingénieurs Américains ont perfectionné le matériel de sondage au diamant pour les faibles profondeurs, en construisant des sondes à manivelles qui ressemblent à des perceuses à main. L'outil est une couronne munie de diamants noirs qui ride

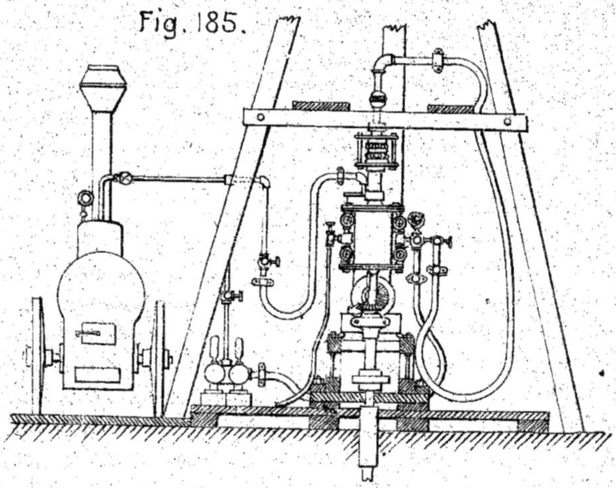

rapidement des trous de 40 millimètres, profonds de 100 mètres et plus.

Pour les profondeurs plus importantes, on emploie la machine à vapeur ou le moteur à pétrole.

La figure 185 (p. 170) représente une installation Sullivan par commande à vapeur; le cylindre à vapeur était relié à une locomobile voisine du trou. On peut, si l'on veut, éloigner cette locomobile, lorsque la présence de la chaudière peut être une cause de danger en cas de découverte de sources jaillissantes de pétrole. On peut aussi relier la sondeuse à un moteur à essence à 2 ou 4 cylindres par l'intermédiaire d'un joint universel; le tout, formant un ensemble compact, est facilement transportable et d'un entretien économique.

§ 274 — Résultats.

Étant donnée l'énorme quantité de sondages profonds qu'il faut exécuter aux États-Unis, pays où l'activité minière est considérable, les spécialistes américains ont surtout cherché à développer les appareils à avancement rapide fondés sur l'emploi d'une couronne de diamants sertis travaillant par rotation. On peut ainsi opérer des forages atteignant de 1.000 à 1500 mètres.

Le procédé au diamant donne de bons résultats surtout dans les roches dures, par contre les terrains fissurés ne conviennent pas du tout à ce genre de sondage.

Le prix de revient dépend beaucoup de la main d'œuvre et de la façon dont est fait le sertissage des diamants pour éviter les pertes de ces pierres au fond du trou.

En Amérique on comptait avant la guerre :

dans le calcaire cristallin : 5 francs par pied d'avancement avec un avancement journalier moyen de 4^m40,

dans le quartz aurifère : 20 francs par pied avec une vitesse journalière de 1^m30.

G — Sondage par rotation à l'acier.

G — Sondage par rotation à l'acier
(Systèmes Davis et Mac Namara).

Pour les terrains tendres, en Australie notamment, on a remplacé le diamant par l'acier. Ce procédé s'est beaucoup répandu dans ce pays sous le nom de système Davis.

Puis les constructeurs américains ont été conduits à remplacer également le diamant par l'acier durci pour le forage des trous de sonde dans les terrains résistants, spécialement pour l'exécution de sondages de large diamètre dans des conditions avantageuses de rapidité et d'économie.

Parmi les brevets en usage, nous donnerons comme exemple le système Mac Namara.

Nous allons indiquer brièvement les caractéristiques de l'outil d'attaque, de l'opération du tubage, de la tête de sonde et de l'organe moteur pour ce procédé.

§ 275 — Outil d'attaque.

L'outil de découpage du terrain varie suivant le système.

Système Davis — Dans ce procédé, employé comme nous l'avons dit, pour les terrains tendres, l'outil de forage est une sorte de bit vissé à l'extrémité inférieure de la colonne de tiges creuses et portant une série de lames d'acier en biseau, réparties alternativement intérieurement et extérieurement, sur la périphérie (fig. 186). Ces lames découpent le terrain comme des broches, mais étant donné la saillie qu'elles font sur la couronne, on conçoit que l'outil ne puisse attaquer que des couches peu résistantes.

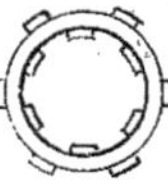

Outil en acier
Fig. 186.

Système Mac Namara. — Plus rapide et moins onéreuse que les sondeuses au diamant, la sondeuse Mac Namara permet en outre, l'extraction de carottes de 125 à 150 millimètres de diamètre, pour lesquelles l'emploi de la couronne de diamants serait d'un coût prohibitif. L'avantage reste au sondage à l'acier pour le prix de revient du mètre de profondeur forée et pour celui du mètre de carottes extraites.

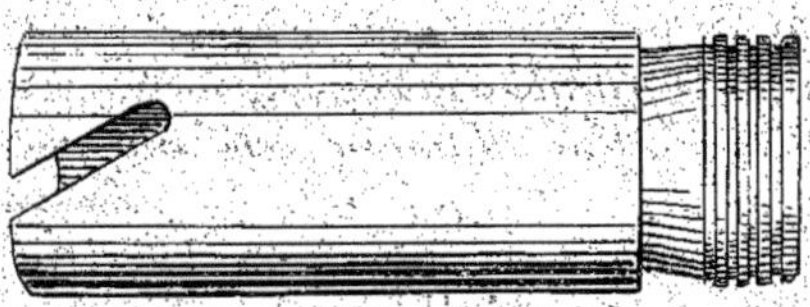

Fig. 187. Manchon pour le découpage des carottes.

En place de la couronne diamantée, on utilise de la grenaille dure en refroidissant brusquement de l'acier fondu. Cette grenaille est entraînée par la rotation d'un manchon d'acier dur (fig. 187) de sorte qu'elle use la roche par frottement et la découpe en carottes. Le manchon est creux et porte, à sa partie inférieure, une encoche oblique par où l'eau d'injection passe ainsi que la grenaille. Celle-ci est versée en petites quantités, à fréquents intervalles, dans la conduite d'eau, et est entraînée très rapidement vers le fond du trou.

§ 276 — Tubage.

Un agencement pour fonçage de tubes est généralement adjoint à l'outillage de forage, les commandes de ces appareils étant interchangeables. On peut ainsi faire pénétrer un tube de 220 millimètres à travers les couches superficielles, jusqu'à la profondeur à partir de laquelle il est possible d'utiliser le manchon de forage. Les tubes standard, de diamètre inférieur à 220 millimètres passent à travers le tube de commande; ils sont entraînés par des galets en acier trempé, réglables, qui assurent leur rotation en permettant leur enfoncement.

Un courant d'eau sous pression agit continuellement pour faciliter la descente du tuyau, sa rotation, et pour exécuter le curage du trou.

Lorsque le sommet du tube arrive à la hauteur du tube d'entraînement, on visse une autre longueur, et ainsi de suite, jusqu'à ce que la profondeur du terrain solide soit atteinte.

Généralement une machine de tubage était considérée comme une installation isolée devant avoir ses fondations, ses commandes par pignons, arbres, poulies, courroie ou chaîne. Avec la sondeuse Mac Namara cette complication n'est plus nécessaire. On peut enlever facilement l'appareillage au moyen d'un treuil de levage, fort et ramassé, à engrenages intérieurs. Ce treuil (fig. 188), contrôlé par deux leviers, peut démarrer et s'arrêter en charge, pendant la marche de la machine; il est placé convenablement pour être à portée de l'opérateur. Il faut très peu

Fig. 188 Sondeuse Mc. Namara.

de temps pour passer de l'opération du tubage à celle du forage et réciproquement.

§ 277 — Tête de sonde.

La tête de sonde peut être effacée de l'axe du trou pour faciliter l'insertion et l'enlèvement des tiges et des tuyaux.

Deux cylindres hydrauliques sont utilisés pour fournir la pression nécessaire au départ du forage; ils sont placés de côté pour permettre l'usage d'une roue d'angle, de diamètre suffisamment large pour tenir l'axe du trou assez éloigné du pignon de commande ; de cette façon les tubes les plus larges peuvent passer et être descendus dans le trou. On se sert de l'un de ces deux cylindres pour faire pivoter la tête de sondage.

Un ressort est placé entre le palier à billes situé au-dessous de la roue d'angle, et le joug des cylindres hydrauliques ; on maintient ainsi une pression égale sur le manchon de forage lorsque l'on fait agir la pression hydraulique pour accroître la vitesse de découpage. Lorsqu'une profondeur suffisante est atteinte et que le poids des tiges suffit au forage, on retire le joug, et le ressort est placé de façon à obtenir le même équilibre.

§. 278 — Organe moteur.

La machine opère le forage au moyen d'une commande par courroie, ce qui est préférable à la commande par engrenage direct, dans le cas des trous de grand diamètre.

La machine, de construction robuste, peut développer une grande vitesse, et possède de larges paliers pour l'arbre à manivelle.

La pompe est du type Duplex ; elle peut fournir une pression capable de donner immédiatement sur le joug hydraulique une force de plus de 7 tonnes.

Cette sondeuse est l'une des plus pratiques pour les travaux de recherche et de prospection.

H — Résultats généraux du sondage.

Nous terminerons cette étude des divers systèmes de sondage par les résultats obtenus en ce qui concerne la profondeur, le diamètre, l'avancement, le prix de revient et la déviation du trou de sonde. Nous donnerons enfin l'exemple d'un journal de sondage.

§ 279 — Profondeur.

La profondeur des trous de sonde peut aisément atteindre 1.200 et même 1.500 mètres avec les procédés rapides et perfectionnés, tels que le sondage au diamant ou à l'acier, ou encore le système à la corde. Il est malheureux de constater qu'en France nous ne soyons pas jusqu'à ce jour outillés comme il le faudrait à ce point de vue, et comme le sont en particulier les américains. C'est là la cause de l'ignorance où nous sommes encore des richesses de notre sous-sol; c'est en partie pourquoi les recherches effectuées pour rechercher le pétrole, notamment sur notre sol et sur celui de nos colonies ont abouti à de faibles résultats, l'outillage employé, ancien et peu pratique, n'ayant pas permis de dépasser quelques centaines de mètres le plus souvent.

Le record en matière de sondage est détenu actuellement par celui de Paruschowitz (Prusse) qui a atteint la profondeur de 2.003^{m}34 pour rechercher les sels de potasse.

Après lui nous citerons le sondage de Schladebach (Saxe) ayant plus de 1.750 mètres.

Puis le sondage de Sperenberg près de Berlin à 1.200 mètres.

En France la profondeur maxima atteinte a été de 1.200 mètres également dans le sondage de Charmoy pour retrouver le terrain houiller dans la région du Creusot.

Le sondage de Macholles près de Clermont-Ferrand a été poussé jusqu'à 1.134 mètres pour rechercher le pétrole.

Remarquons que pour les recherches de combustible, on dépasse rarement 7 à 800 mètres au maximum, profondeur au-delà de laquelle, l'exploitation deviendrait trop coûteuse, si l'on y trouvait des couches utiles.

§ 280 — Diamètre

Le diamètre d'un trou de sonde varie de 10 centimètres à 1 mètre. Il dépend de la profondeur. On peut admettre en terrains moyens un diamètre de :

12 à 15 centimètres jusqu'à 100 mètres
30 à 35 ___ d° ___ de 100 à 200 ,,
35 à 50 ___ d° ___ de 200 à 400 ,,
50 à 100 ___ d° ___ au-delà de 400 ,,

Faute de diamètre initial suffisant, il est, la plupart du temps, impossible d'approfondir alors le forage, et on doit l'abandonner improductif avec son matériel de tuyaux, qu'il est généralement difficile d'arracher.

Le diamètre initial minimum dépend également du système employé pour le forage. Le diagramme de la figure 189 donne les valeurs initiales avec les divers procédés. On y voit que les systèmes ordinaire et canadien, ou à la corde sont tous trois équivalents à ce point de vue; les systèmes à tiges creuses et à percussion sont préférables; enfin le système au diamant est le plus avantageux de tous au point de vue du faible diamètre qu'il nécessite,

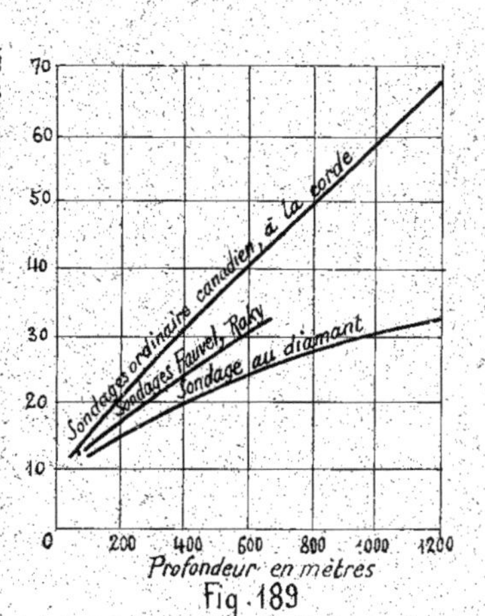

Fig. 189

même quand la profondeur augmente beaucoup. C'est pourquoi le procédé au diamant est le plus commode pour atteindre de grandes profondeurs avec de faibles diamètres.

§ 281 — Avancement.

L'avancement journalier peut être de 0m,50 à 2 mètres suivant le terrain et le procédé, quelquefois 5 mètres avec le procédé Raky ou le diamant, exceptionnellement 10 et 15 mètres. L'avancement décroit rapidement quand le terrain est difficile et que la profondeur augmente à cause des manœuvres.

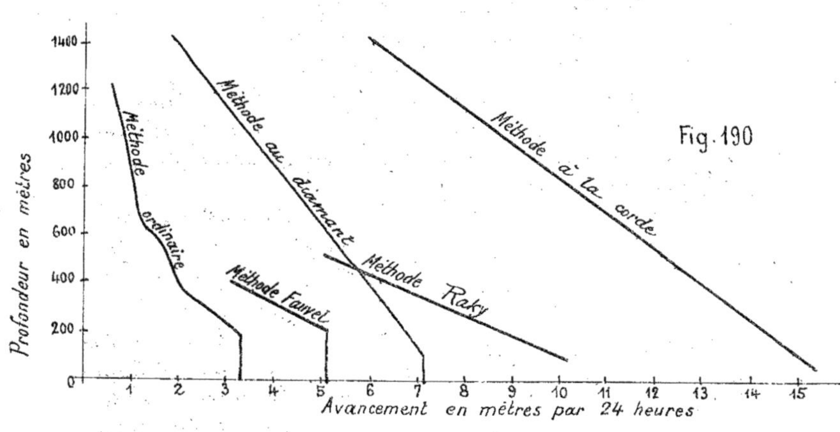

La figure ci-dessus donne les valeurs normales obtenues en terrains ordinaires avec les divers systèmes de sondages, suivant les profondeurs.

On voit que l'avantage est pour le sondage à la corde, qui est de beaucoup le plus rapide, toutes choses égales, dans les terrains normalement résistants.

Certains appareils comme celui de la figure 191 permettent l'enregistrement automatique de la vitesse d'enfoncement d'une sonde. Une poulie reliée au corps de sonde fait tourner au moyen d'un pignon d'angle une vis sur laquelle se déplace un chariot formant écrou. Le chariot descend, par suite de la rotation de la vis qui ne peut se déplacer; on conçoit que le mouvement du chariot soit fonction du déplacement du corps de sonde, c'est-à-dire de l'approfondissement du trou. Le chariot porte un stylet qui inscrit sur un tambour animé d'un mouvement d'horlogerie, une courbe dont les ordonnées sont les profondeurs et les abcisses les temps. On lit, sur cette courbe la vitesse d'enfoncement à un

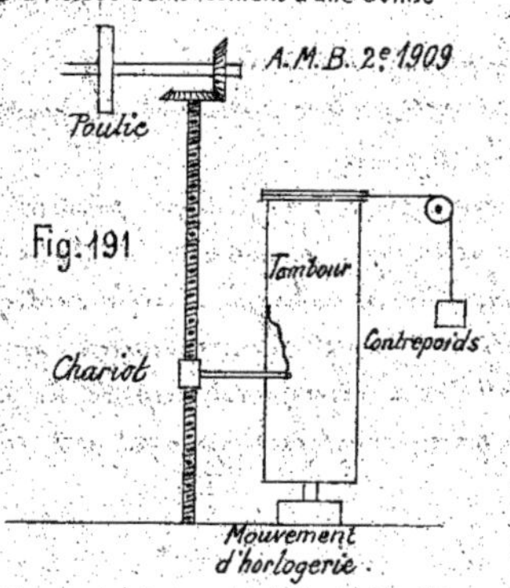

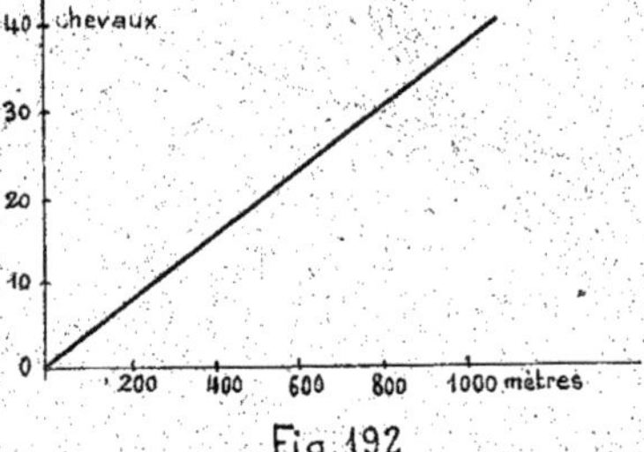

moment quelconque, correspondant à la traversée d'une couche de nature déterminée (houille, schiste ou grès.)

§ 282 — Prix de revient.

Le prix de revient est très variable avec un grand nombre de facteurs. Il dépendra par exemple pour les sondages à courant d'eau de la nature des boues à évacuer, la circulation de l'eau devant être plus ou moins active suivant les cas.

On peut se baser pour produire l'entraînement des déblais du trou de sonde sur une vitesse de courant d'eau de :

0^m10 à la seconde dans le cas de sable fin
0^m20 —— do —— sable grossier
0^m50 —— do —— petits graviers de 2 centim.
1^m00 —— do —— graviers plus gros.

Le facteur primordial dans le prix de revient est la puissance qu'il peut mettre en jeu pour exécuter le sondage. Cette puissance varie beaucoup avec la résistance des terrains à forer. Pour des conditions normales on peut se baser sur le diagramme de la figure 192 (page 179) qui donne la puissance en chevaux nécessaires en fonction de la profondeur à atteindre.

Nous donnerons ici des chiffres moyens d'avant-guerre pour le prix de revient par mètre:

50 à 80 francs le mètre jusqu'à 100 mètres.

100 à 400 francs de 100 à 500 mètres suivant la profondeur et les difficultés du terrain.

Remarquons que les prix sont inférieurs quand on exécute soi-même le travail avec une équipe exercée et bien outillée (ce qui est rare) au lieu de confier le sondage à une entreprise.

La comparaison des divers procédés en usage, au point de vue du prix de revient, résulte du diagramme de la figure 193 qui donnent les prix moyens d'avant-guerre en fonction de la profondeur.

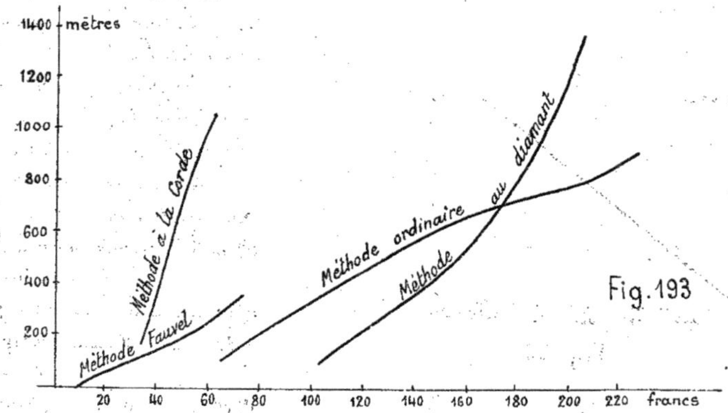

On voit sur cette figure que le procédé à la corde est le plus économique, tandis que la méthode ordinaire et la méthode au diamant sont les plus coûteuses, le sondage au diamant au-dessous de 700 mètres et le sondage ordinaire au-delà de cette profondeur.

Quant aux frais d'installations, nous citerons comme exemple ceux d'un dispositif moderne à outillage perfectionné

Standard Rotary qui combine en un même appareil une sondeuse à trépan (Standard Rig) et une sondeuse au diamant
(Rotary) Ce dispositif utilisé fréquemment en Californie permet
d'atteindre une moyenne de 12 mètres de forage par jour.

Avant la guerre il fallait compter avec ces appareils sur
un chiffre de 400.000 francs pour l'installation d'une sondeuse
combinée. Les frais de main d'œuvre, tubage, câbles, cordes combustibles se montaient à 460 francs le mètre de sondage.

Ces prix seraient évidemment à majorer maintenant de
plus de 300 %.

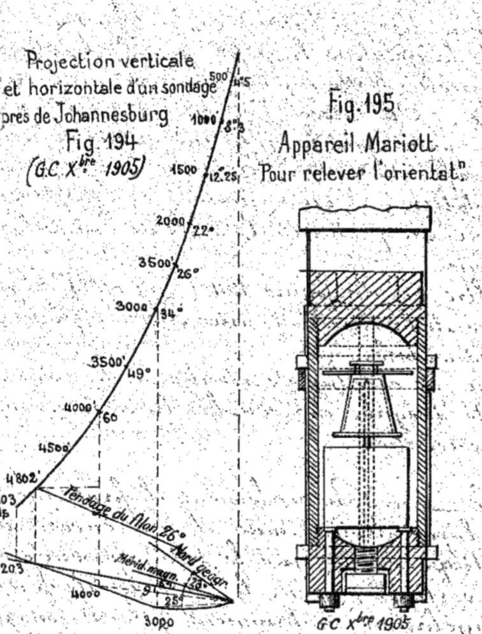

§ 283 —

Déviation des
trous de sonde.

La descente
du tubage est d'au-
tant plus facile
que le trou de
sonde est parfai-
tement rectiligne
et vertical.

Cette condition
est assez difficile
à réaliser, en
pratique. L'axe
d'un sondage se
trouve être une
ligne courbe gau-
che au lieu d'une
verticale. On
peut le voir sur
la figure 194 pour
un sondage poussé
jusqu'à 5.203 pieds
(plus de 1560 mètres)
à Johannesburg.

(Transversal)

Rectilignité — Pour s'assurer de la rectilignité du trou de sonde on y fait passer un cylindre de 15 à 20 mètres de long et on s'assure qu'il passe bien partout.

S'il n'est pas assez rectiligne on emploie l'aléseur; Si celui-ci ne suffit pas à rétablir l'alignement, on remblaie avec des cailloux ou du ciment, et on recommence le forage.

Pour repérer l'orientation des divers tronçons rectilignes qui forment le trou de sonde, on peut employer l'appareil Mariott (fig. 195 page 181).

Il est formé d'une boîte qu'on descend dans le trou, au niveau considéré; à l'intérieur se trouve une fiole contenant de la gélatine liquéfiée par réchauffement à la surface de laquelle flotte un bouchon portant une aiguille aimantée. On laisse séjourner un certain temps dans le trou pour que la gélatine fasse de nouveau prise en se refroidissant. L'aiguille aimantée se trouve ainsi immobilisée, et en remontant l'appareil on lit l'orientation en prenant l'angle de l'aiguille avec l'axe de la boîte.

On peut lire sur la figure 194 (page 181) la succession des valeurs de la direction aux diverses profondeurs pour le sondage considéré.

Le manque de rectilignité résulte de la schistosité et de la dureté inégale des couches traversées, ainsi que des failles rencontrées.

Verticalité — Non seulement il faut que le sondage soit en ligne droite, mais il y a encore des cas où il est indispensable que le trou de sonde soit rigoureusement vertical, pour le procédé de fonçage des puits par congélation notamment (dont nous parlerons plus loin).

Or on a pour assurer cette verticalité que

**Fig. 196
Appareil
Mariott
Pour mesurer
l'inclinaison**

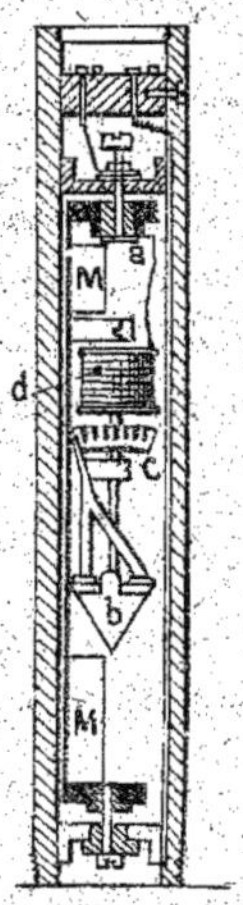

**Fig. 197
Appareil
Erlinghagen
(GA. 1907, n° 23)**

Légendes

1° Appareil Mariott
a   erceau mobile
b   pendule
c   commutateur
d   Bobine portant des
     résistances
m   Masses de plomb sur
     une génératrice

2° Appareil d'Erlinghagen
K   Electro-Aimant
h   Boite renfermant un
     mouv.t d'horlogerie
     déroulant la bande
     de papier p
a   pendule
b   Suspension à la Cardan

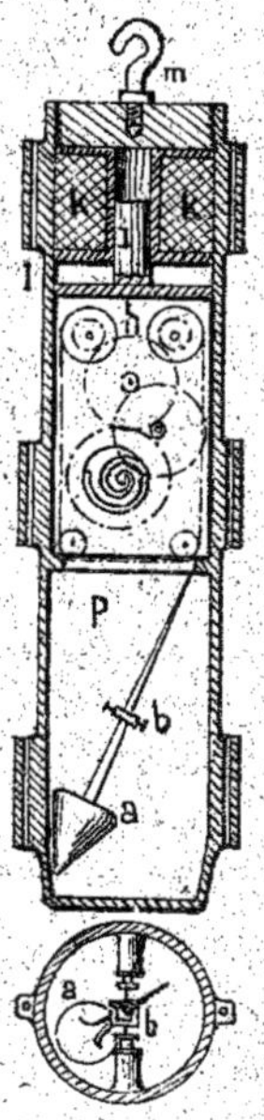

L'effet de la pesanteur sur la chute du trépan. De sorte que si le guidage est insuffisant la déviation pourra être grande. Le même inconvénient se présentera
d'une façon plus notable encore pour les procédés par
rotation, pour lesquels la pesanteur n'intervient
plus.

Pour mesurer l'inclinaison d'un trou de sonde on peut employer divers procédés plus ou moins
précis.

Parmi les plus simples nous citerons le
procédé qui consiste à descendre dans le trou une
bouteille assez longue qui s'appuie sur les parois
et pouvant contenir de la gélatine liquéfiée

par un frottement avec une aiguille pesante suspendue à un flotteur. On attend que la gélatine soit solidifiée et on note la position de l'aiguille par rapport à l'axe de la bouteille. On peut remplacer la gélatine par une solution concentrée d'acide fluorhydrique; le niveau de ce liquide laisse au bout d'un moment une trace sur les parois de verre de la bouteille. L'inclinaison de cette trace avec l'axe de la bouteille sera celle du trou.

Il existe des appareils plus perfectionnés. Nous mentionnerons l'appareil Mariott (fig. 196 p. 183) dans lequel un pendule b intercalé dans un circuit électrique des résistances variables suivant sa position, en formant commutateur de rhéostat. L'appareil est relié à la surface par des fils électriques qui permettent de mesurer avec un galvanomètre les intensités du circuit, variables avec l'inclinaison du trou.

Dans l'appareil Erlinghagen (fig. 197 p. 183) la position du pendule s'inscrit sur une bande de papier.

Enfin on peut reconnaître avec grande précision si la verticalité du trou de sonde est parfaite, de

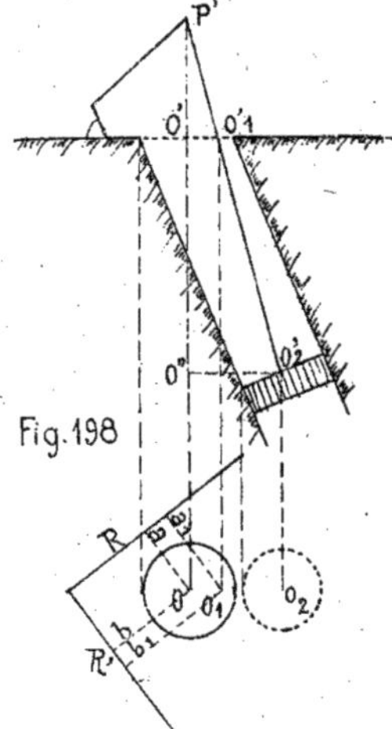

Fig. 198

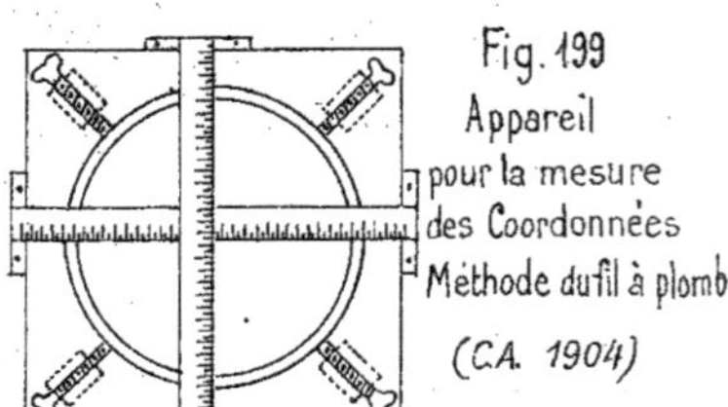

Fig. 199
Appareil
pour la mesure
des Coordonnées
Méthode du fil à plomb
(C.A. 1904)

la manière suivante:

Méthode du fil à plomb. — A l'extrémité d'un fil d'acier se trouve un tambour de bois dont le diamètre est voisin de celui du trou de sonde.

Le fil, après être passé sur une poulie P' dans l'axe du sondage, vient s'enrouler sur un treuil (fig. 198 p. 184). Deux réglettes perpendiculaires sont clouées sur le plancher de manœuvre (fig. 199 p. 184) près de l'orifice du trou de sonde.

Soient a et b les coordonnées du centre O projeté verticalement en O' du trou de sonde par rapport à ces deux réglettes représentées en R et R' sur la projection horizontale de la figure 198 (p. 184). Si le trou est dévié, l'intersection du fil avec le plancher aura en O_1 (projeté verticalement en O'_1) dont les coordonnées sont a_1 et b_1. La distance OO_1 a pour valeur :

$$OO_1 = \sqrt{(a_1-a)^2 + (b_1-b)^2}$$

Quant à la déviation réelle du trou de sonde OO_2 au niveau O_2 (projeté verticalement en O''_2), elle se déduit de la mesure des triangles semblables $P'O'O'_1$ et $P'O''O'_2$, dans lesquels on lit :

$$OO_2 = O'O'_2 = \frac{O'O'_1 \times P'O''}{P'O'} = \sqrt{(a_1-a)^2 + (b_1-b)^2} \times \frac{P'O''}{P'O'}$$

Quand les déviations sont très fortes il faut éviter que le fil ne touche la paroi du sondage. On en est sûr lorsqu'on obtient des valeurs différentes $O'O'_1$, $O'O''_1$ à diverses profondeurs $P'O'_2$, $P'O''_2$ (fig. 200^a)

Au contraire si l'on a la même déviation $O'O'_1$ pour 2 profondeurs différentes $P'O'_2$ et $P'O''_2$ (fig. 200^b) on est assuré que le fil touche la paroi du trou de sonde en un ou plusieurs points. On déplace alors la poulie P' jusqu'à ce que le fil ne touche plus. Il suffit de mesurer la quantité dont on a déplacé la poulie; cette quantité s'ajoutera à la déviation trouvée

Fig. 200

par le calcul.

Cette méthode a été employée avec succès aux mines de fer

et Auboué (Meurthe et Moselle). Il s'agissait du fonçage d'un puits par congélation, en forant de nombreux sondages sur une circon-férence ayant pour centre l'axe du puits. Ce procédé de fonçage exigeant comme nous l'explique-rons plus loin une grande ver-ticalité dans les sondages, il fallut vérifier minutieusement la déviation pour chacun d'eux, avant d'entre-prendre les tra-vaux de fonçage. Les résultats obtenus sont fi-

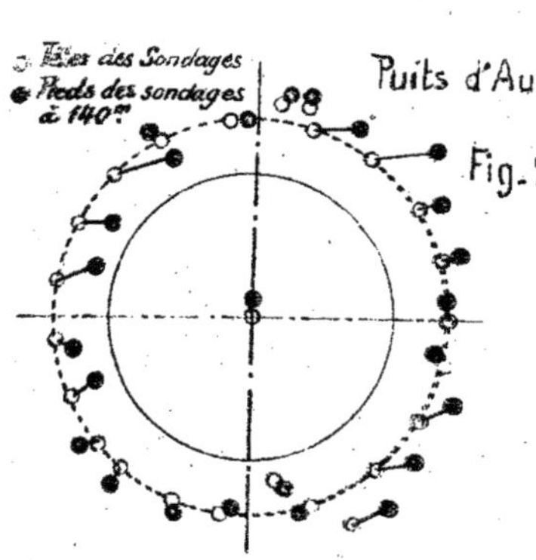

gurés sur le schéma ci-dessous (fig. 201).

§ 284 — Journal de sondage.

Nous terminerons en donnant ici l'exemple d'un jour-nal de sondage. C'est celui du sondage n°1 effectué aux mines d'Aubin (Aveyron) dont nous avons déjà donné les résultats plus haut (page 157)

Le système employé était le sondage Raky.

Le trou de sonde a été attaqué au fond d'un avant-puits de 6 mètres de profondeur.

1er Octobre 1896	Commencement du forage avec un trépan de 225 millimètres.
	Avancement 17 mètres.
2 Octobre	Avancement 16 mètres.
3 Octobre	Avancement 17m.70. On remplace le trépan de 225 m/m par un de 163
31 Octobre	Le forage a continué pendant tout le mois avec

un avancement journalier variant de 3ᵐ,10
à 18ᵐ,50. Profondeur 286ᵐ,20.

5 Novembre 1896 — A la profondeur de 303ᵐ,95 on croise une veine de charbon de 30 centimètres d'épaisseur.

8 Novembre — A 326ᵐ,75 on croise une veine de charbon de 25 centimètres d'épaisseur.

13 — d° — A 363ᵐ,45 un éboulement se produit. On travaille à dégager le trépan.

18 — d° — Le trépan étant complètement dégagé, le forage ne prend.

20 — d° — A 378ᵐ,30 on rencontre le grès dur. Toute la colonne descend jusqu'au fond du trou. On essaie de retirer la sonde avec le treuil, mais la roue d'engrenage de celui-ci casse. On essaie alors des vérins.

23 — d° — Les vérins sont en action, les tiges s'allongent et finissent par se rompre à 145 mètres de profondeur après un allongement de 1ᵐ,40. On descend alors une cloche taraudée pour accrocher le bout des tiges restées au fond, on ne peut y arriver.

26 — d° — On essaie de nouveau avec les vérins, mais inutilement. On se met alors à nettoyer le trou.

29 — d° — Le curage étant fini on redescend la cloche taraudée et on parvient à saisir les tiges et à les remonter.

1ᵉʳ Décembre — On a pu dévisser 217 mètres de tiges sur 233 qui étaient restées au fond du trou.

2 — d° — On redescend la colonne avec la cloche taraudée pour enlever les 16 mètres restant de tiges, mais la colonne se dévisse 140 mètres au-dessous de la cloche, de sorte qu'il y a dans le trou 156 mètres de tiges.

3 — d° — On redescend la cloche et on parvient à remonter quelques mètres de tiges.

11 — d° — Toutes les tiges ont pu être enlevées il ne reste plus au fond que le trépan.

12 — d° — On commence à élargir le trou au tour du trépan pour le dégager.

16 Décembre 1896 — On descend la cloche taraudée et on réussit à remonter le trépan.

17 — Dº — Le forage du trou de sonde reprend.

31 — Dº — Le forage se poursuit sans incidents; pendant la période du 17 au 31 Décembre l'avancement journalier varie de 2^m à 5^m50.

23 Janvier 1897. On est à 483^m50 de profondeur. On prend une carotte avec la couronne diamantée. Pour cela on fore au diamant sur 80 centimètres de profondeur et on ramène au jour une carotte de 70 centimètres de hauteur. Mais elle n'a pas été repérée exactement.

24 — Dº — Le forage reprend.

28 — Dº — On fait un deuxième forage au diamant sur 1 mètre. Les tiges remontent au jour sans la carotte. On reprend alors le forage.

29 — Dº — On est à 490^m75. le trépan se cale au fond. On essaie les vérins mais en vain.

30 — Dº — On dévisse alors les tiges.

31 — Dº — On a retiré 285^m de tiges.

1er Février — On retire 105^m de tiges.

3 — Dº — On retire 70^m de tiges.

5 — Dº — Il ne reste plus dans le trou que le trépan, la grosse tige qui le surmonte et le manchon de cette tige. Le trou s'étant éboulé au-dessous de cette tige on décide de descendre un tubage à colonnes perdues au moyen d'un taraud.

6 — Dº — Descente du tubage à colonnes perdues.

7 — Dº — On descend le cône taraudé pour essayer de remonter la grosse tige et le trépan. Mais le déblai des parois éboulées empêche le passage dans le tubage.

8 — Dº — On prépare un accroche-tubes.

14 — Dº — Le tubage est enlevé.

15 — Dº — La grosse tige est sortie du trou.

19 — Dº — Le trépan est remonté. On décide alors de prendre une carotte. Pour la repérer on fait une

outille dans les parois avec un trépan spécial.

20 Février 1897 — On fait la prise de carotte à la couronne de diamants. On retire une carotte de 64 centimètres en plusieurs morceaux dont le plus grand a 14 centimètres.

21 d° — Le forage reprend, la carotte prélevée étant insuffisante à donner les renseignements que l'on cherche. Le trépan que l'on emploie a 75 millimètres de diamètre.

24 d° — On descend un tubage d'un diamètre extérieur de 88 millimètres.

26 d° — Une sorte de fraise est descendue pour planer le fond du trou pour repérer la carote.

3 Mars — On a nettoyé le fond du trou avec la cloche à boulet, et on fait le forage au diamant, qui permet d'extraire une carotte de 33 centimètres de longueur. L'examen de cette carotte montrant que l'on est dans le grès dur d'âge inférieur à la houille on décide d'arrêter le sondage. Profondeur atteinte 501^{m}16.

Les résultats du sondage précédent peuvent être brièvement résumés de la façon suivante :

Profondeur du sondage 493 mètres (501^m moins 8^m d'avant-puits)

Nombre de jours de travail : 154.
Nombre de jours de forage : 90 soit 58,4 %
Nombre de jours pour la prise de carottes 8 soit 5,2 %
Nombre de jours pour la pose de tubage : 4 soit 2,6 %
Nombre de jours pour le sondage : 52 soit 33,7 %

Chapitre XIV — Applications du sondage.

Sommaire :

A — Travaux de recherches : Étude d'un gisement (Découverte, reconnaissance) Emplacement et nombre de trous de sonde — Matériel de sondage — Mode d'exécution.

B — Travaux d'exploitation : Puits (fonçage, approfondissement) — Galeries — Exploitations spéciales (Pétrole, gaz naturel, Sel gemme, Eaux) Transmission de l'énergie — Aérage — Assèchement — Accidents (Moyens de prévention, Sauvetage).

Le sondage est appliqué dans un grand nombre d'opérations minières, aussi bien travaux de recherches que travaux d'exploitation. — Nous allons énumérer rapidement au cours de ce chapitre les usages qu'on en fait dans ces deux catégories de travaux.

A — Travaux de recherches.

Nous avons déjà indiqué l'emploi du sondage dans les travaux de recherches au chapitre X (Reconnaissance des gîtes) C'est là le but principal du sondage, et c'est en vue de faciliter les travaux de prospection que l'on a été amené à créer des procédés de sondage de plus en plus modernes.

Nous rappellerons donc seulement quelques principes concernant l'étude d'un gisement, l'emplacement et le nombre des trous de sonde à forer, le matériel de sondage à employer, et le mode d'exécution.

§ 285 — Étude d'un gisement.

Le sondage sert à rechercher en profondeur les substances minérales dont on ne trouve aucun indice de surface comme certains gisements de houille ou de pétrole, ou à recouper à l'intérieur du sol les gîtes dont on connaît déjà l'existence par l'affleurement ou d'autres indications locales ou géologiques (voir Chapitre X - Découverte et Reconnaissance des gîtes minéraux page 50 et suivantes) afin d'étudier leur allure et leur étendue.

Découverte — Le hasard avait autrefois une part importante dans la découverte des mines à cause des nombreuses traces superficielles qui décelaient l'existence des amas de minerais contenus dans les entrailles de la terre.

Aujourd'hui, c'est, au contraire, à la suite de longues et patientes déductions que le géologue conclut à l'existence souterraine de couches et de filons minéralisés, cachés sous des forêts ou sous des champs de blé. C'est ainsi que, d'après l'allure des couches de charbon exploitées depuis longtemps en Belgique, puis à Anzin, on est arrivé à deviner celles du bassin du Pas-de-Calais, ainsi que leurs prolongements anglais, de l'autre côté du Détroit, où l'on a fait des recherches. Dans ce cas très fréquent, où les affleurements ne donnent que peu ou pas de renseignements, les mystères que cachent les entrailles de la terre restent entiers : c'est alors une tâche particulièrement délicate que celle de l'expert, qui doit procéder à des recherches dans un district où certaines déductions de géologie théorique font supposer la présence de couches ou de filons importants à exploiter. Il doit recourir au procédé du sondage, surtout quand il faut aller vite pour hâter la découverte d'un gisement que l'on craint de voir passer entre les mains d'un concurrent plus heureux, car, en France, notamment, celui qui a le premier reconnu les parties caractéristiques d'un gîte minier est déclaré propriétaire de la concession.

Le forage du trou de sonde fournira en même temps des échantillons des terrains traversés ; ces carottes examinées et classées avec soin permettront de dresser la carte géologique de l'écorce terrestre en ce point, qui pourra être d'un précieux secours pour des prospections ultérieures.

On tiendra un journal de sondage très soigné, de manière à pouvoir reconstituer tout l'historique de la recherche; on évitera ainsi bien souvent les pertes de temps et d'argent que nécessiterait, quelques années plus tard, l'exécution de nouveaux sondages, en cas d'incertitudes sur les résultats des premiers.

Reconnaissance. — Le sondage sera très utile également pour reconnaître en détail un gisement dont on a déjà déterminé l'existence. Comme nous l'avons déjà dit, le sondage devra être alors répété en plusieurs points.

Supposons, par exemple, qu'il s'agisse de déterminer quelles sont les données d'exploitation d'un placer d'or par la méthode du dragage. Il faut savoir si réellement le gîte se prête à l'emploi de ce mode d'extraction, et l'on doit rechercher successivement la teneur moyenne et l'épaisseur de la couche aurifère par mètre cube, la hauteur d'eau qui la recouvre, l'étendue sur laquelle on pourra draguer. On doit ensuite étudier la nature du lit de gravier et des autres dépôts qui surmontent la couche, ainsi que celle de la couche elle-même et de l'or qu'elle contient.

La réponse à ces diverses questions s'obtiendra rapidement en effectuant des sondages en profondeur dans le placer, en divers points de manière à se rendre compte de l'allure et de l'étendue approximative du gîte.

Remarquons qu'on emploiera surtout le sondage comme moyen de reconnaissance dans le cas de couches nettement stratifiées et homogènes (matériaux de construction, combustibles minéraux etc). L'exécution d'un trou de sonde pour reconnaître un filon irrégulier ne donnerait aucun résultat, car la matière à étudier est alors en épaisseur assez faible pour que le sondage la traverse sans qu'on s'en aperçoive ou sans qu'on puisse ramener à la surface des éléments d'étude suffisants.

§ 286 — Emplacement et nombre des trous de sonde.

Les trous de sonde pour l'étude d'un gisement doivent être bien placés et en nombre suffisant.

Emplacement. — L'emplacement des sondages sera déterminé par les indications recueillies à la surface, s'il y en a, ou par la conformation topographique de la contrée à explorer.

En reprenant l'exemple du placer d'or, une fois que les premiers forages auront décelé l'existence du métal précieux, on pourra procéder à une campagne de sondages systématiques. Si le dépôt aurifère occupe un emplacement correspondant à l'ancien lit d'un cours d'eau, on exécutera des trous de sonde suivant des droites perpendiculaires à la direction du courant. Les trous placés à égale distance des rives et formant des alignements également espacés les uns des autres sur toute la longueur du lit prospecté.

La position de chaque forage sera exactement déterminée par le géomètre, de manière à permettre l'exécution d'une carte très exacte du gisement, sur laquelle on trouvera l'emplacement de tous les trous de sonde. On pourra même souvent faire lever un plan du district sur lequel on tracera un réseau de droites rectangulaires et équidistantes, chaque intersection correspondra alors à un forage qui recevra un numéro d'ordre servant à son repérage.

Nombre. — Le nombre des trous de sonde doit être en principe aussi grand que possible, car ce que les financiers demandent en premier lieu, à leurs ingénieurs experts, c'est de leur fournir le cubage aussi exact que possible du gisement considéré. Or on ne peut répondre à cette question qu'après avoir exploré en tous sens le terrain minier soumis à l'examen. On évite ainsi les erreurs dues aux variations d'épaisseur ou de richesse des couches et des filons, qui rendent très difficiles les calculs d'évaluation toutes les fois que l'on a cru devoir faire des économies en diminuant à l'excès le nombre des sondages prévus.

Mais il est évident que ce nombre variera avec la profondeur du gîte à étudier; s'il s'agit de sondages à grande profondeur, il pourra devenir très restreint à cause des dépenses considérables qu'entraîne l'exécution de ces travaux.

§ 287 — Matériel de sondage.

L'importance et la nature du matériel de sondage sont très variables suivant les matières qu'il s'agit de rechercher et les terrains à traverser.

Un équipage de sonde peut en effet être très restreint s'il s'agit de recherches superficielles ne dépassant pas quelques mètres, tandis qu'il peut atteindre une importance considérable dans le cas de recherches à grande profondeur.

Le chevalement sera réduit, dans le premier cas, à quelques poutres supportant une poulie, tandis qu'il atteindra les proportions d'un véritable édifice si le sondage doit reconnaître des niveaux très profonds ; il comprendra alors un échafaudage très résistant supportant des molettes et contenant un treuil de manœuvre à vapeur, des bureaux, des logements et des magasins.

La sonde sera alors très différente dans l'un ou l'autre cas, la section et la longueur des tiges varieront avec la profondeur, ainsi que leur mode d'assemblage (à vis ou à enfourchement) Dans le cas de sondages importants, l'emploi de guides et de parachutes s'impose pour éviter le décentrage du trou, et le voilement des tiges. La forme et la nature des outils d'attaque sont fonctions des terrains à traverser ; on opérera par battage ou par rodage au moyen d'outils tranchants ou contondants (tarières, alésoirs ou trépans).

Dans les terrains peu consistants, le tubage des trous de sonde est indispensable, surtout quand on doit assurer leur permanence. On emploiera, suivant le cas, des tubes temporaires ou des tubes définitifs, que l'on enfoncera par simple superposition les uns au-dessus des autres, ou au moyen de presses spéciales.

Dans le cas des grands sondages, il faudra prévoir les accidents, tels que la déviation des trous, la rupture des tiges ou des instruments d'attaque, et se munir d'outils de secours spéciaux, tels que : coupe-tuyaux, caracoles, cloches taraudées, etc.

En résumé il faudra choisir le système de sondage approprié au cas envisagé en tenant compte de la rapidité du procédé et de son prix de revient. La rapidité des sondages dépend de la nature des terrains traversés ; les terrains durs se forent plus lentement mais peuvent permettre la suppression du tubage, tandis que les terrains tendres, assez ébouleux, nécessitent un tubage soigné. Le prix de revient a une grande importance pour les sondages de recherches, étant donné le nombre parfois élevé de trous de sonde à forer si l'on veut obtenir des données précises sur le tonnage d'un gisement donné.

§ 288 — Mode d'exécution.

Le mode d'exécution des sondages de recherches peut être compris de trois manières.

Si le nombre des sondages à exécuter est important, on peut acheter le matériel nécessaire; il faut alors avoir un personnel exercé, ce qui n'est pas toujours facile.

Aussi peut-on adopter la combinaison qui consiste à louer le matériel avec le personnel opérant habitué à le manœuvrer.

Enfin le procédé le plus courant est de traiter avec une maison s'occupant spécialement d'entreprise de sondages, laquelle fournit alors le personnel et le matériel nécessaires. On fixe la profondeur à atteindre, moyennant un prix ferme par mètre d'avancement, variable avec la profondeur et la nature des terrains. L'intérêt de ces spécialistes étant surtout d'aller vite alors que celui de l'explorateur est de reconnaître exactement le terrain et de ne pas laisser passer de couches ou de gîtes utiles, il est essentiel qu'il y ait pour représenter ce dernier un surveillant à demeure, essentiel aussi de bien prévoir les arrêts et indemnités pour les constatations et les prises de carottes; essentiel surtout de noter très exactement tous les incidents du sondage, d'établir minutieusement la coupe des terrains traversés, d'en conserver des échantillons classés et numérotés de manière à éviter toute confusion. On recueille aussi d'une façon continue les boues extraites du sondage, et aux points intéressants on prend des carottes avec des outils spéciaux. Il est essentiel de le faire très régulièrement avec le plus grand soin, car il est très difficile de revenir et d'obtenir quelque chose de précis avec le gratteur-vérificateur (voir plus haut chapitre XI, p. 113).

B.— Travaux d'exploitation.

Le sondage qui est le moyen le plus rapide et le plus employé pour les recherches de mines, n'est plus aussi nécessaire quand les mines sont en exploitation. Il s'applique cependant en un certain nombre de cas dans diverses opérations minières : creusement des puits et galeries, exploitations spéciales, transmission de l'énergie, aérage, assèchement et accidents.

Nous indiquerons seulement brièvement l'emploi qu'on en fait dans chacun de ces cas, sans nous étendre sur le mode d'application, puisque nous aurons l'occasion d'y revenir plus loin, dans chacune des parties correspondantes de ce cours.

§ 289 — Puits.

Le sondage est appliqué dans le foçage et l'approfondissement des puits.

Foçage. — Pour le foçage des puits en terrains aquifères, dans le procédé Poetsch on précède au gîte minier en traversant les couches aquifères par la congélation. Il faudra pour cela exécuter de nombreux sondages autour du puits à foncer. Dans ces sondages seront placés les tuyaux recevant la solution du réfrigérant, servant à congeler le sol.

Dans le procédé Portier on remplace la congélation par la cimentation ; on a également à forer des trous de sonde pour faire l'injection de ciment dans la zone du puits.

Enfin comme nous le verrons dans la IIIᵉ Partie, également, le procédé Chaudron de foçage à niveau plein est un sondage de grand diamètre, de tout le diamètre du puits, avec tubage du trou de sonde. On bat le terrain avec des trépans pesant 22 tonnes, auxquels on fait donner 10 à 15 coups à la minute, la hauteur de chute étant de 40 centimètres. On peut forer un avant-puits d'un diamètre moindre ou forer de suite toute la circonférence. À mesure que se fait le battage, on descend le revêtement en métal, qu'on assemble à la partie supérieure du puits comme on assemblerait les tubes d'un sondage.

Approfondissement. — Dans le procédé d'approfondissement sous étot on laisse sous le puits un massif naturel de terrain, on trace une galerie horizontale, un petit puits intérieur de 10 à 15 mètres de profondeur et par une autre galerie horizontale on revient sous le puits pour continuer le creusement (fig. 202) Le point délicat est de retrouver l'axe du puits,

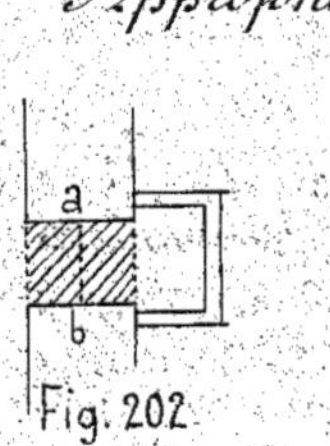

Fig. 202

pour continuer dans l'alignement aussi est-on amené à faire un sondage suivant a b à partir du fond du puits, de façon à matérialiser l'axe de ce puits. On sera alors assuré que quand on supprimera le étot, les deux parties de puits se raccorderont bien.

§ 290 — Galeries.

Dans le traçage des galeries on a souvent besoin de faire des recherches dans différentes directions, afin de continuer le percement en suivant le gîte. Quelquefois même un traçage poussé trop rapidement a fait perdre la matière métallique. Enfin l'on peut avoir à se renseigner sur l'existence de filons ou de veines dans le voisinage du gîte qu'on exploite. L'emploi du sondage résoudra ces divers problèmes. On évitera ainsi les frais considérables résultant du creusement de galeries de recherches.

Cette application du sondage fréquente en Norvège dans les mines de cuivre où les roches encaissantes sont très dures, s'est beaucoup développée en France depuis l'apparition de la sondeuse Sullivan. En effet la méthode de sondage par rotation avec couronnes de diamants a l'avantage de pouvoir être menée sous un angle quelconque et non point uniquement horizontalement ou verticalement. D'autre part l'encombrement est moins grand que celui nécessité pour l'installation du balancier de manœuvre, outil obligé du sondage au trépan par percussion. Ce petit moteur rotatif met en mouvement directement les tiges terminées par la royaume d'amandée.

§ 291 — Exploitations spéciales.

Pour certaines substances minérales le sondage est employé en même temps comme moyen de recherche et comme procédé d'exploitation. Ces substances sont : le pétrole, le gaz naturel, le sel gemme et les eaux potables ou minérales.

Pétrole — Les travaux de prospection effectués en vue de l'étude des régions pétrolifères exigent le forage de très nombreux trous très voisins les uns des autres. Les forages, de faible diamètre, sont approfondis jusqu'à ce qu'ils fournissent soit par pompage, soit par jaillissement naturel, de l'huile minérale en quantité appréciable. Comme le pétrole se trouve au milieu de couches perméables et sableuses, surmontées souvent de nappes aquifères, il faut maintenir le trou de sonde étanche aux venues d'eau ou de sable par un tubage approprié, si l'on ne veut pas être gêné dans l'exploitation, et voir le pétrole retenu dans les fissures des terrains ou dans les couches perméables par la pression de l'eau qui envahirait le forage. Il est prudent de commencer le forage avec un diamètre suffisant, en vue d'atteindre de grandes profondeurs, cette condition est cependant fréquemment oubliée, cela tient le plus souvent à ce que les sondages sont entrepris comme forages de recherches et ne deviennent qu'éventuellement des forages d'exploitation. Si la recherche semble couronnée de succès et laisse suinter un peu de naphte, immédiatement on installe une pompe et on arrête le forage ; mais bientôt le sable vient aveugler la venue pétrolifère. Faute de diamètre initial assez grand, il est alors impossible d'approfondir le forage, et on doit l'abandonner improductif avec son matériel de tuyaux qu'il est généralement difficile d'arracher.

On fait usage du sondage à la corde ou du sondage canadien, plus rarement du sondage à tiges de fer pleines. En effet les veines pétrolifères piquées par les forages, donnent souvent lieu à un jaillissement de courte durée et il ne faut pas que les trous coûtent cher si on ne veut pas grever l'exploitation de frais trop onéreux. On évitera d'employer les procédés à courant d'eau (Raky ou Sullivan), qui ont l'avantage d'aller vite, mais qui coûtent cher et masquent souvent les venues pétrolifères recoupées.

Gaz naturel. — Les recherches et l'exploitation du gaz naturel se font également au moyen du sondage, par les mêmes procédés que pour le pétrole; les gisements sont, du reste, souvent dans les mêmes régions.

En Pensylvanie on emploie le sondage à la corde ronde, au Canada le sondage canadien à tiges de bois, en Chine, le sondage à la corde plate.

À la différence des forages pour pétrole, on n'a pas besoin d'établir un tubage complet pour rendre étanche le trou de sonde.

Sel gemme. — Les sondages qui ont fait découvrir les couches salifères, sont souvent utilisés pour exploiter ce sel gemme par dissolution.

Dans ce but on garnit les trous de sonde de tubages perforés qui mettent en communication les couches de sel avec les nappes d'eau douce qui les surmontent en général par suite de l'infiltration des eaux superficielles; les sondages se remplissent ainsi d'eau salée que l'on pompe et d'où l'on extrait le sel par évaporation. Si le terrain n'est pas aquifère au dessous des couches de sel, on introduit de l'eau de la surface par le tubage, on la laisse séjourner un certain temps et on en fait le puisage quand elle s'est chargée de sel.

Cette application du sondage est courante en France (Lorraine), en Angleterre (Cheshire) et en Chine (Se-Tchouen); dans cette dernière contrée on opère par sondages à la corde de 300 à 600 mètres, et même parfois 1500 mètres de profondeur, et on obtient souvent du pétrole et des gaz combustibles mêlés à l'eau salée.

Eaux potables ou minérales. — Le sondage est employé

pour la recherche et l'utilisation des eaux potables ou thermo-minérales

1º — Pour les eaux potables le sondage sert à l'établissement des puits artésiens. En forant un trou de sonde jusqu'à une nappe aquifère en communication avec des réservoirs naturels plus élevés que la surface du sol au point de sondage, on obtiendra une source jaillissante. Les puits artésiens doivent être tubés pour maintenir les terres. On a foré à Paris 3 puits artésiens : le puits de Grenelle, dû à Mulot, profond de 548 mètres, et dont le percement dura 3 ans ; le puits de Passy, dû à Kind ; et le puits de la Butte-aux-Cailles dû à Arrault. Les puits artésiens sont très utiles en Algérie où ils alimentent d'eau une contrée qui en était presque dépourvue.

2º — Pour les eaux thermo-minérales le sondage est utilisé souvent pour capter les griffons, lorsque ceux-ci ne sont pas visibles. Il arrive en effet que le point d'émergence d'une source chaude soit recouvert d'une couche d'alluvions (fig. 203) dans laquelle l'eau minérale s'éparpille en tous sens. Il sera alors nécessaire d'aller rejoindre par un trou de sonde la roche au point où l'eau sort. Le sondage sera tubé afin d'augmenter le débit, en diminuant le frottement de l'eau sur les terrains traversés.

Griffon
Alluvions
Eau minérale
Roche

Fig. 203

§ 292. Transmission de l'énergie.

Le sondage est fréquemment utilisé à l'intérieur des mines pour faire descendre dans les travaux des conduits de vapeur, d'air comprimé ou des câbles électriques.

On a toujours intérêt en effet à réduire la longueur des lignes de transmission de l'énergie, et c'est pourquoi bien souvent il vaudra mieux faire les frais d'un sondage faisant communiquer directement deux niveaux différents ; les dépenses d'installation seront bien vite compensées par l'économie réalisée dans la pose des conduites ou des câbles et par la perte de charge ou de tension moins grande. La figure 204 (page 201) montre l'installation d'un sondage Fauvel installé dans ce but ;

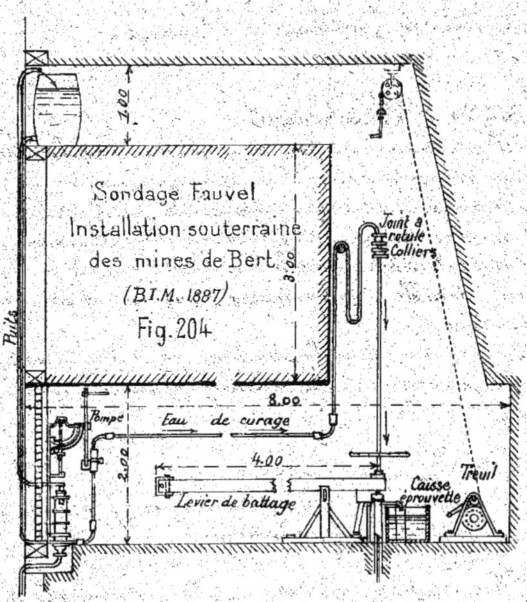

l'eau de curage est prise en dérivation sur la conduite d'épuisement du puits, avec une pression de 3 mètres.

§ 293 — Aérage.

Dans un but semblable au précédent, le sondage est employé pour réaliser des communications d'aérage entre deux galeries superposées. Il arrive en effet que certains chantiers soient en cul-de-sac; il faudrait alors établir une canalisation spéciale souvent très longue pour amener l'air jusqu'au front de taille; il est souvent plus avantageux d'établir la circulation de l'air en forant un trou de sonde qui reliera les travaux considérés à la galerie de retour d'air située à un niveau supérieur.

Nous reviendrons plus en détail sur cette question quand

nous traiterons le problème de l'aérage.

§. 294 — Assèchement.

Il est des cas où l'on est gêné dans l'exploitation par une venue d'eau importante. S'il se trouve, à un niveau inférieur à celui des travaux, une couche perméable susceptible d'absorber l'eau, il y aura intérêt à la mettre en communication par un sondage avec le niveau exploité plutôt que de se livrer à un épuisement pénible et très coûteux, toujours à la merci d'un arrêt de pompe.

On voit donc que le sondage peut être d'une grande utilité pour l'assèchement de certains travaux miniers.

§. 295 — Accidents.

Le sondage est enfin un moyen de prévention contre les accidents et un moyen de sauvetage.

Moyen de prévention — Lorsque dans le traçage des galeries, on sera au voisinage de points dangereux comme d'anciens travaux abandonnés, il sera prudent de fouiller dans tous les sens le gisement, en se faisant précéder par des sondages de 5 à 10 mètres. Cette reconnaissance indiquera si des venues d'eau sont à craindre et on aura le temps d'établir les barrages contre les coups d'eau.

Le même procédé va également au-devant des dégagements intempestifs de gaz, grisou ou acide carbonique.

Dans les mines très grisouteuses, où le grisou se trouve accumulé dans des poches sous des pressions élevées allant de 8 à 45 kilogrammes par centimètre carré, on effectuera le drainage de ce gaz en saignant le terrain par des trous de sonde pénétrant jusqu'aux poches dangereuses.

Si l'on fait usage du procédé au trépan, on pourra adopter le dispositif de la fig. 205 (page 203). On monte devant le front de taille un petit chassis avec quelques madriers solidement encastrés dans le sol. Ce chassis porte des rouleaux en

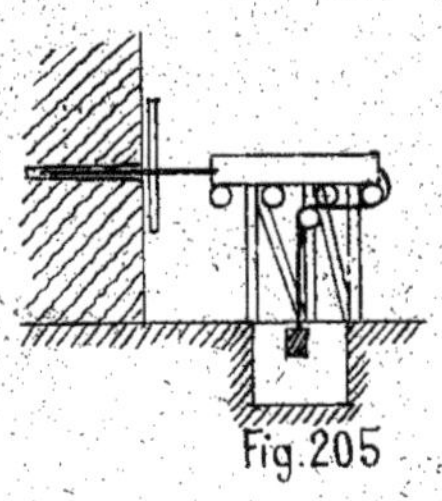
Fig. 205

lesquels vient s'appuyer la tige de sonde. Un bouclier à l'entrée du trou, permet d'obturer rapidement ce trou en cas de nécessité. La tige de sonde est reliée par un câble passant sur une poulie de renvoi à un contrepoids pouvant se déplacer dans un faux-puits. L'action de ce contrepoids est de ramener la tige de sonde en arrière quand le battage ne la chasse pas en avant. Le mouvement de percussion peut s'obtenir avec un treuil.

On pourra faire usage également de la sondeuse au diamant, comme pour les sondages de recherches dans le traçage des galeries.

Sauvetage. — Enfin lorsque les accidents se sont produits, le sondage trouve encore son application dans les moyens de sauvetage. C'est ainsi, par exemple que l'on pourra communiquer par un trou de sonde avec des ouvriers enfouis derrière un éboulement, et leur faire parvenir de l'air pur ou des vivres en attendant les travaux de déblaiement.

Telles sont les nombreuses applications du sondage, sur lesquelles nous aurons l'occasion de revenir en étudiant les diverses parties de ce cours, auxquelles elles se rapportent.

Fin de la II⁵ Partie.

Table des Matières

de la

IIᵉ Partie.

—

Travaux de recherches.

—

ÉCOLE DU GÉNIE CIVIL

Pour l'Industrie, la Marine, les Grandes Écoles et les Administrations

152, Avenue Wagram, PARIS (17e)

Directeur : M. Julien GALOPIN, ✻, Ingénieur

BULLETIN DE RENSEIGNEMENTS

(A renvoyer à l'École)

NOTA. — Le présent bulletin n'engage en rien la personne qui le remplit. Il est simplement destiné à donner à l'École des renseignements précis, soit sur les cours à suivre, soit sur la situation que l'on désire obtenir.

(L'École est heureuse de renseigner gratuitement et aussi complètement que possible toutes les personnes qui s'adressent à elle).

Nom et prénoms du candidat ....

Adresse ....

Lieu et date de naissance ....

Établissements scolaires qu'a fréquentés le candidat. ....

Quelles classes a-t-il faites ? ....

Grades universitaires ....

Quelles sont exactement ses connaissances mathématiques ? ....

Connaissances techniques ou manuelles.

Quels emplois le candidat a-t-il occupés ?

Situation actuelle ....

Quelle section, partie de section ou cours désire-t-il suivre ? ....

Quelle situation ou quel concours a-t-il en vue ? ....

A .... le 19

Signature du Candidat

Enregistré à Paris, le ____________.

Visa du Chef de Service,

ENSEIGNEMENT PAR CORRESPONDANCE